别笑，
我是正经
哲学书

[日] 富增章成 著

徐雪蓉 译

天津出版传媒集团

天津人民出版社

图书在版编目（CIP）数据

别笑，我是正经哲学书 /（日）富增章成著；徐雪蓉译. -- 天津：天津人民出版社，2018.8（2021.1 重印）
ISBN 978-7-201-13595-3

Ⅰ.①别… Ⅱ.①富… ②徐… Ⅲ.①哲学 – 通俗读物 Ⅳ.① B-49

中国版本图书馆CIP数据核字(2018)第130843号
中国版权保护中心外国图书合同登记号02-2018-200号

Chouyaku tetsugakusha zukan
Copyright © Akinari Tomasu 2016
All rights reserved.
First original Japanese edition published by KANKI PUBLISHING INC.
Chinese (in simplified character only) translation rights arranged with KANKI PUBLISHING INC.
through CREEK & RIVER Co., Ltd. and CREEK & RIVER SHANGHAI Co., Ltd.

别 笑，我 是 正 经 哲 学 书
BIE XIAO, WO SHI ZHENGJING ZHEXUE SHU

[日]富增章成 / 著　徐雪蓉 / 译

出　　版	天津人民出版社
出 版 人	刘　庆
地　　址	天津市和平区西康路 35 号康岳大厦
邮政编码	300051
邮购电话	（022）23332469
电子信箱	reader@tjrmcbs.com

责任编辑	玮丽斯
监　　制	黄　利　万　夏
特约编辑	曹莉丽　孙　建
营销支持	曹莉丽
版权支持	王秀荣
装帧设计	紫图装帧

制版印刷	北京中科印刷有限公司
经　　销	新华书店
开　　本	880 毫米 ×1230 毫米　1/32
印　　张	8.5
字　　数	168 千字
版次印次	2018 年 8 月第 1 版　2021 年 1 月第 9 次印刷
定　　价	55.00 元

版权所有　　侵权必究
图书如出现印装质量问题，请致电联系调换（022-23332469）

前言

哲学，人生的最佳解答！

"哲学这玩意儿毫无用处！"
"哲学这东西不知所云！"
"哲学只不过是在玩文字游戏！"

没错，这正是哲学常受批判之处。但人们也会在某个瞬间，被这看似与日常生活无关的哲学吸引，例如诸事不顺时、人生失意时，或是迷失自我而感到不安的时候……

"不，我没问题。像那种时候，只要喝喝酒、追追剧、听听音乐，再找朋友吐一下苦水就万事 OK 啦！"

这确实也是一种方法。但我们都知道：人生没那么简单，遇事只要"解闷散心"就能解决。光是改变心情，并非根本解决之道，有时还会因为意识到终究无解而彻底灰心。既然知道无法解决，许多人就会想：那我不如来学哲学吧！

说起来简单，但哲学门槛却高不可攀，明明读了各种入门书，但几乎每一本都会让人内心嘀咕："这哪里算入门啊！"因此，这本书里，我把复杂的哲学思想解释得极其简单易懂，依历史沿革，选出六十位伟大思想家，以每位四页的篇幅解说。

首先，我尽可能地把各位哲学家所提倡的学说一一拆解、咀嚼后再介绍给读者。话虽如此，但哲学毕竟是哲学，不甚了解之处也是有的，所以，有时你或许会觉得读来无聊又疲倦。遇到这种情况，不妨欣赏一下书中插图，放松身心。

接着是"练习思考"，形式是从哲学家的思想来看问题本身，会有怎样的思考方式？到了"提示"，便能了解本文与问题之间的联结。最后可再重新阅读一遍，完整思考。在"解答解说"里，你会发现若从该哲学家的思想出发，文章的内容错在哪里。通过问题和解说，更能清楚了解其思想内涵！

本书随处可见内容之矛盾，不过，毋庸担心。例如，某页写着"要压抑欲望"，别处却又提出"应追求快乐"这样完全相反的主张；声称"神是存在的"，随即却说"上帝已死"。此外，先证明了"有死后的世界"，怎么一下子又推翻这个论点，说"死了，一切就都灰飞烟灭"。上述矛盾，不一而足。

其实，这并非哲学家们任意玩弄理论，而是因为随着历史演变，思想也一直在变迁。我们以回溯的眼光来整理这些论点，所以才产生了前后矛盾的现象。好比过去穿和服，现在则穿洋装，同样的，思想也会有流行与倾颓的起落。话虽如此，就像在祭典时也会穿和服一样，过去的哲学思想，有时也会突然受到吹捧。

基本上，要先对历史有个大致的了解，才是比较理想的做法。大致可分为"为了求知的理性"（古代）→"顺服上帝的理性"（中世纪）→"更合乎逻辑的理性"（近代）→"批判理性的逻辑"（现代）。详尽说明如下：

古代：世上存在着绝对的真理，必须知道宇宙的法则，要通过理性的力量来压抑欲望，学习忍耐。

中世纪：上帝是绝对的存在，《圣经》上写的都是真理，理性只是为了理解上帝所需的辅助品。

近代：快脱离上帝，用自己的大脑思考吧！理性的力量足以了解一切；合乎逻辑的思考，能够解决所有问题。

现代：把旧观念全都归零、重组，驱动理性的力量是欲望，快乐更不应该被否定。为了创造大众幸福，让我们来打造更美好的社会。

大致上就是如此。

我们站在从两千五百年前直到现代的各种哲学立场上，为日常生活发生的事提供解答，因此会依哲学家意见不同，产生意见分歧。不知"何者才是正确的"，正是哲学的一大醍醐味。我想，读者只要通过阅读，便能在不知不觉中，学会从各种不同角度思考事物的内涵。哲学能对应的内容实在是五花八门，所以你应该也会发现，那些日常生活中的芝麻小事，其实没什么大不了的。从这个角度来看，或许哲学才是人生"解闷散心"的最佳药方！

希望读者们通过本书，能品味哲学世界更多的奥秘，这就是我莫大的荣幸了。

别笑，我是正经哲学书
Contents 目录

前言：哲学，人生的最佳解答！　　　　　　　　　　001

Chapter 1
古代

"一厢情愿"等于无知　苏格拉底 Socrates　　　　　　002
另一个世界真实存在吗？　柏拉图 Plato　　　　　　　006
我们活着的目的是什么？　亚里士多德 Aristotle　　　　010
如何才能得到幸福？　伊壁鸠鲁 Epicurus　　　　　　　014
什么是"遵循自然生活"？　芝诺 Zeno　　　　　　　　018
年纪愈大，人生愈快乐！　西塞罗 Marcus Tullius Cicero　022
抛开执着，一切痛苦都能消除　佛陀（释迦牟尼）Buddha（Śākyamuni）026
人类言谈举止的基础　孔子 Confucius、孟子 Mencius　　030
无所作为，便能水到渠成　老子 Lao Tzu、庄子 Chuang Tzu　034

001

Chapter 2
中世—近代

何谓完全、永恒、终极的存在？ 圣奥古斯丁 Saint Aurelius Augustinus		040
人能接近神到什么程度？ 圣托马斯·阿奎那 Saint Thomas Aquinas		044
人就是小宇宙 皮科·米兰多拉 Giovanni Pico della Mirandola		048
政治与道德必须分开 马基亚维利 Niccolò Machiavelli		052
我思故我在 笛卡尔 Rene Descartes		056
无论过去还是未来，早就决定好了 斯宾诺莎 Baruch De Spinoza		060
世界充满了能量！ 莱布尼茨 Gottfried Wilhelm Leibniz		064
学会科学思考吧！ 培根 Francis Bacon		068
人，有选择的自由 洛克 John Locke		072
其实物质存在于心中 贝克莱 George Berkeley		076
为什么知道"球丢出去就会飞"？ 休谟 David Hume		080
人是会思考的芦苇 帕斯卡尔 Blaise Pascal		084
人生而自由，却无所不在枷锁中 卢梭 Jean-Jacques Rousseau		088
能自我控制，才是真正的自由 康德 Immanuel Kant		092
因为有矛盾，才能趋近真实 黑格尔 Georg Wilhelm Friedrich Hegel		096
不觉悟，人生就只有苦恼 叔本华 Arthur Schopenhauer		100

Chapter 3
现代①：存在主义、现象学、社会主义

人是追求快乐、逃避痛苦的动物　边沁 Jeremy Bentham	106
努力向高品质的快乐迈进　密尔 John Stuart Mill	110
只要结果是好的，就万事 OK　詹姆斯 William James	114
知识与思考都只是工具，结果才有价值　杜威 John Dewey	118
历史会以固定的轨迹前进　马克思 Karl Heinrich Marx	122
什么是我能为它而死的真理？　克尔凯郭尔 Soren Aabye Kierkegaard	126
"上帝已死"　尼采 Friedrich Wilhelm Nietzsche	130
叩问内心，真实就会浮现　胡塞尔 Edmund Gustav Albrecht Husserl	134
"向死而生"　海德格尔 Martin Heidegger	138
人类是什么？　雅斯贝尔斯 Karl Theodor Jaspers	142
人是自我建构的存在　萨特 Jean-Paul Sartre	146
为何我能了解他人的内在感受？　梅洛 - 庞蒂 Maurice Merleau-Ponty	150
他人是不会让你如愿的　列维纳斯 Emmanuel Lévinas	154
保持好心情才会幸福　阿兰 Alain	158

003

Chapter 4
现代②：结构主义、后现代、分析哲学

潜意识里的秘密　弗洛伊德 Sigmund Freud	164
人类有共同的原型　荣格 Carl Gustav Jung	168
决定意识的是未来的目标　阿德勒 Alfred Adler	172
为什么会出现希特勒？　阿多诺 Theodor W. Adorno、霍克海默 M. Max Horkheimer	176
从争论中学习　哈贝马斯 Jürgen Habermas	180
先有实物还是先有语言？　索绪尔 Ferdinand de Saussure	184
历史并非以直线进步　列维-斯特劳斯 Claude Lévi-Strauss	188
"知识"的形态会随时代而改变　福柯 Michel Foucault	192
社会进入"小叙事"时代　利奥塔 Jean-Francois Lyotard	196
消费时代，商品成为一种符号　鲍德里亚 Jean Baudrillard	200
一切都是"欲望的机器"？　德勒兹 Gilles Louis René Deleuze、瓜塔里 Félix Guattari	204
真与假，无法一线区隔　德里达 Jacques Derrida	208
什么是"真正的马克思主义"　阿尔都塞 Louis Althusser	212
为什么会出现独裁者？　汉娜·阿伦特 Hannah Arendt	216
用符号来解读世界　罗兰·巴尔特 Roland Barthes	220
复制让美好消失　本雅明 Walter Bendix Schönflies Benjamin	224
今天的"帝国"到底是什么？　内格里 Antonio Negri、哈特 Michael Hardt	228
用"无知之幕"看到正义　罗尔斯 John Bordley Rawls	232
失去希望，会导致死亡　弗兰克尔 Viktor Emil Frankl	236
想辨明真伪，使用符号逻辑就够了　罗素 Bertrand Arthur William Russell	240
语言的限度就是世界的限度　维特根斯坦 Ludwig Josef Johann Wittgenstein	244
参考文献	248
索引	250
结语：变，是唯一的不变	260

Chapter 1
古代

苏格拉底（Socrates）

柏拉图（Plato）

亚里士多德（Aristotle）

伊壁鸠鲁（Epicurus）

芝诺（Zeno）

西塞罗（Marcus Tullius Cicero）

佛陀（释迦牟尼）Buddha（Śākyamuni）

孔子、孟子（Confucius、Mencius）

老子、庄子（Lao Tzu、Chuang Tzu）

"一厢情愿"等于无知

苏格拉底 Socrates

伦理的知性主义

> 通过连续地提问，原本不理解的事也会渐渐地明白。

国 古希腊　说 助产术、"无知之知"　前469年左右—前399年
著 无

被问到"那是什么"，就马上愣住了

颠覆执念的"助产术"

有个名叫苏格拉底的人，会不分地点场合问青少年"什么是正义""什么是良善"之类的问题。他就宛如深夜酒吧里的醉汉一样，令人莫名其妙。

其实他是刻意这么做的，他的这种做法也被叫作"**助产术**"，他只提出问题，并不强加给对方特定观念，不过他会执拗地追问："那是为什么？""到底是什么？"结果就暴露出被问者的"**无知之知**"。没错！正是被穷追猛打后，暴露自己其实什么都不懂的事实。但这可不是苏格拉底在使坏喔！他只是认为，**每个人的内心深处都知晓何谓对错**。因

此，**在问答之中，内心的真实自然就会慢慢浮现**。

我们来做个假设好了！现在有个人主张："和受害者相比，加害者其实并没有损失。"以现代人的观点来说，可能会同意这种见解。骗子（加害者）和被骗者（受害者）比起来，骗子的损失较小；与被霸凌的人（受害者）相比，霸凌者（加害者）一点损失也没有。

然而，苏格拉底却质疑这个论点，他说："加害者是否比受害者更让人觉得邪恶？"大概谁都会说"那是当然的"，苏格拉底又继续追问："既然加害者比被害者更邪恶，那加害者内心不是更痛苦吗？"此时，我们恐怕也只能回答"是"了。

做坏事的虽是加害者，但因内心会受到谴责，反而变成受害者。这样，便引导出"做坏事是丑陋的，所以加害者更痛苦"的结论，借此就打破了人们最初那种"与受害者相较，做坏事的人毫无损失"的"执念"了，这就是所谓的"助产术"。

连续提问即为哲学思考

苏格拉底认为人类最重要的是"灵魂"，只要琢磨、修炼"灵魂"，就能变成"美好的人""良善的人"。但当年与现在或许没有太大差别，大多数的古希腊人都一味认定要获得财富、名誉和权力，才能成为"美好的人""良善的人"。其实，这种"获得财富、名誉与权力才对"的想法，可能只是一种偏执而已。

不过，当人在"坚守某种信念"时，并不会注意到自己的"一厢情愿"。即使是现在，也可能发生以下这样的事。比如有人天花乱坠地讲："做这个生意一定会大赚。""投资股票肯定能致富。"而听到的人也深信不疑，认为"这么做肯定能大赚一笔"。不料，之后的人生却是一败涂地……

遇到这种情况时，就可用苏格拉底推荐的"自问自答法"。但那并非与他人进行实际沟通，而是与自己的内心对话。首先，选一个自己深信不疑的"执念"，再彻底地自我追问："这真的正确吗？""那样果真良善吗？"诸如此类，如此就会发现"执念"等于"无知"。

> **练习思考**

有借有还是对的吗？

我试着思考"什么是正确的事"，例如"有借有还是对的吗"。确实，有借有还这件事本身是对的。但我们来做个假设好了：某人向别人借了狩猎用的来复枪，可是这期间，物主精神失常了。这个时候把猎枪还他，依然是正确的行为吗？"或许我会因此害人被杀……"所以就搞不清楚什么才是对的了。那到底什么是正确的呢？

💡 **提示！**

每个人都会有错觉，认为自己无所不知。

> **解答解说** 在困惑中，能增加思考的深度

"有借有还"当然没错，但有时会因情况差异而使结果大不同。例如，我们都坚信"对人付出是好的"。不过，要是付出的东西是"核武器"呢？像这样，**对我们向来视为理所当然的常识，冷不防地丢出一个崭新论点，这就是"助产术"**。不过，在"助产术"的使用过程中，"执念"会被一一瓦解，导致思想混乱，不确定什么才是对的。但无所谓，因为你的思想已经比之前更有深度了。哲学思辨者就是心灵的探险家。

Chapter 1 古代

005

另一个世界真实存在吗？

柏拉图 Plato

理型论

> 真实，存在于超越现实世界的地方。

国 古希腊　　说 理型、厄洛斯　　　　前 427 年—前 347 年
著 《苏格拉底的申辩》《会饮篇》《理想国》

人人都在追求现实中不存在的理想

另一个世界真实存在吗？

苏格拉底的弟子柏拉图，将苏格拉底不断追问事物的"定义"，称为**理型**。例如，当有人问你"红色是什么""红色的定义是什么"时，应该如何回答才好？若说像玫瑰的红、红绿灯的红、苹果的红，这样的解释其实并不完整，必须提出能满足一切"红的定义"的说明才行，那才是"红的理型"。不管世间的"红"如何变换，"红的定义"=红的理型，只存在于超越现象界生死流转的"**理型界**"中。

另外，另一个世界里还存在着其他理型，例如"善的理型""正义的理型""美的理型"等，也就是说，**现实世界是**

变化的,而柏拉图追求的是"不变"。柏拉图认为,从任何人的立场出发,在理型界里"真实"(理型)都是存在的。例如,偷窃的行为究竟是好是坏,只要用理型去分析,就一清二楚了(用善的理型来看,偷窃是恶的)。

然而,对现代人来说,柏拉图的理论有其难以理解的地方。他说:现实世界的一切,都有与其对应的理型。桌子、笔或马的理型等等,全都存在于另外一个世界。世界上存在着各式各样的事物,但都有一个共同的"本质"(理型)。

用现代人比较容易理解的方式来解释柏拉图理论就是:"世界上充满了眼睛可见、耳朵能听、皮肤可感的各种事物。而在这个世界的深处,存在着某种其他形式的真实。"

"忆起"原本已知的事，就是学习

柏拉图假设数字、颜色、异同与大小、冷热等一切事物都有理型。即使我们无法看见或听见那些"真实"（理型），也能想象它们的存在。换言之，==无法感知的东西，却可仰赖理性的力量来获得==。

此外，柏拉图认为人在出生之前，就已经知道理型的存在，他认为知识是先天的。当我们在学习语言、数学时，也会经常性地参照理型界的法则，柏拉图将它称为"忆起"。柏拉图用神话的形式来说明"忆起"的概念，根据这个论点，每个人的灵魂原本都在天上（理型界）观看着理型，但因诞生于世，便在被封闭于身体内的一瞬间，把理型给忘了。

即便如此，灵魂依旧保有想回归天上的意愿，这被称为==**"厄洛斯"**==，意指不断追求理型（理想的、完全之物）的"纯爱"。因此，我们每个人都在不断追求理想，当灵魂看见理型的仿制品，例如杯子和笔等东西时，内心的"厄洛斯"就会被唤醒，并憧憬着"想要直接看到理型""想要回归原乡，也就是天界"。人类就是在理型的光照下判断一切事物。

> **练习思考**

> 为什么画不出完美的三角形?

> A君的家庭作业是画出完美的三角形。然而,当他用放大镜检视画完的三角形后发现,边和角的线条凹凸不平,根本不能称为完美的三角形。A君反复画了很多遍都不成功,他心想这样"一定会被老师骂"。
>
> 如果用柏拉图的理论来看,这项作业能否顺利完成呢?

提示!

这个世界上,并不存在完美的点或线,它们只存在于数学的逻辑中。

解答解说 在脑中掌握完美的存在

点本身没有面积,但若把点连接出来,就形成了面积;而线有宽度,所以人们决定"线与线的交会处就是点"。因此,即便脑中存在着完美的点、线、图形,也与现实有着微妙的误差。镜子无论磨得多么光亮,反射率也不可能达到百分之百。所以即使在脑中想象着完美的理想图形,实际画出来的线条,也凹凸不平不完美,因此想要画出完美的三角形是不可能的。

我们活着的目的是什么？

亚里士多德 Aristotle

形而上学　伦理学　政治学（万学之祖）

> 人生就是学习的集合体，学习是最幸福的时刻。

国 古希腊　　说 目的论、幸福　　前384年—前322年
著《形而上学》《尼各马可伦理学》

人生来就有求知欲

我们活着的目的是什么？

　　亚里士多德哲学批判了他的老师——柏拉图的"理型论"，同时发表了各种独到的论点，他的伦理学对我们的生活有很大的帮助。亚里士多德指出，人类会想先达成眼前的目标，他说"人会以一个良善的事物为目标，进而采取其他行动"（《尼各马可伦理学》），例如为了上学或上班而搭电车，或是因为肚子饿而吃东西等。

　　但若像这样<u>只看重眼前事物，久而久之就会感到空虚</u>，就会开始想："每天都重复做同样的事，人生的目的究竟何在？"（你会不会偶尔也有这种想法呢？）

亚里士多德认为人生必须追求**"欲望的终极目标"**，仿佛人生来就是为了追求这件事而存在。那究竟是什么呢？亚里士多德称之为"**至善**"。

"为了什么"的极致，就是"为了幸福"

要知道自己的人生目的何在，就要反复追问"为了什么"这个问题。当你明白这个问题的答案时，你就找到了人生的目的，也就是"**为了幸福**"。"幸福"正是人的"美好生活"，也就是"至善"！因为已经感到满足，就不会继续追问"那幸福又是为了什么"，因为"幸福就是幸福"。

根据亚里士多德的理论，幸福可分为三类。第一类是饮食享乐的幸福；第二是获得名誉的幸福，也就是被众人称赞

"真是太厉害了"的幸福；第三是获得宇宙真理的幸福，例如想要研究科学，从电脑到宇宙大爆炸都想精通。亚里士多德认为，第三类的学习性生活（**深度思考的生活**），才是幸福的极致。

好习惯让你变得更理性

所谓的幸福，要靠伴随着**逻各斯（Logos，理性）**的活动来获得，所以动脑会使人快乐、拥有理性，意味着能够选择人生。日常生活中有时我们会动怒，根据亚里士多德的说法，那是人类的本性，是无可奈何的，因为会生气就是会生气，没有选择的余地。

但是，"火气上来时"可以先深呼吸，接下来的行动就能依理性来选择了。**我们实在没必要一受外界刺激就做出本能反应（因为那是动物才会出现的行为）**。亚里士多德认为这种"品格之德"来自习惯，我们因为行为正当而成为正当的人，做事勇敢而成为勇敢的人。若能有意识地执行这些习惯，就能成为具有自我控制力的人。

练习思考

人是为了吃而活吗？

我是一个要养家糊口的上班族，有两个小孩，餐费、学费、房租、水电费，以及其他各种支出，几乎让我每个月口袋空空。所以有时我不免会想："人活着到底是为了什么？"但其实，我是知道的：还不是为了混口饭吃嘛。人就是为了吃而活的。唉，真是无趣的人生……

若是亚里士多德来看，此人的想法到底哪里错了？

提示！

不要掉入"人生的意义就是吃"的执念里。

解答解说 转换当下的心态

人生虽是一连串"为了什么"的集合，但若认为真正的目的只是如此，就会感到空虚。例如塞在通勤的车阵里，心里想的是："真是浪费时间！只是为了去上班而已。"这样的想法只会让人疲惫。但是，若把通勤时间拿来学英文，就能把原本"为了移动"的虚无目的，转换成"增加知识"这个有意义的目的了。如此，就会感到幸福，这就是亚里士多德的解决方法。

如何才能得到幸福？

伊壁鸠鲁 Epicurus
伊壁鸠鲁学派

> 不要害怕死亡，要开朗地生活。

国 古希腊　说 原子论、享乐主义　　约前 342 年—约前 271 年
著 《论自然》《论生活》

幸福到底是什么？

如何才能得到幸福？

著名的亚历山大大帝（前 356—前 323）开创的帝国宏伟广大，然而当时的人民却饱受摧残，因为希腊的城邦社会崩坏了。当"人民痛苦不堪，不知何去何从"时，伊壁鸠鲁学派和斯多葛学派（参阅第 18 页）的哲学出现了。它们思考如何在痛苦的人生中走出一条生路，是事关存亡的思想。

伊壁鸠鲁的思想被称为享乐主义，"Epicurean"这个词的意思是享乐主义者，但若误以为它是"主张放纵口欲、酒池肉林"的话可就错了（这种人是不可能被写进教科书里的）。伊壁鸠鲁的享乐指的是"身体没有苦痛"，以及"内心

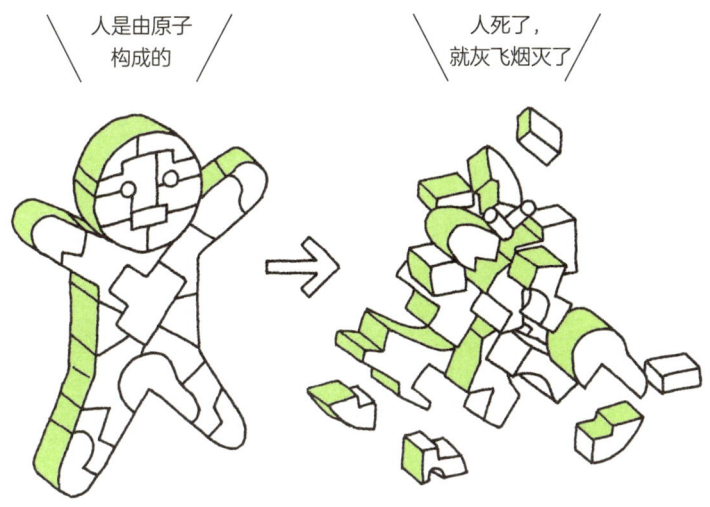

的平静"（Ataraxia, **灵魂的安歇**），也就是说，只要牙齿不痛、肚子不饿、不焦虑、不生气，就是幸福。他所提倡的就是这样的"享乐"。

他认为人之所以会痛苦，最大症结在于对死亡的恐惧，所以要先去除这个负面印象。他运用<u>德谟克利特的原子论</u>，告诉自己"死亡并不可怕"，原子论已经是现代知识，也就是"世上物质皆由原子组成"的观念。既然肉体和灵魂都是由原子组成的，所以死了应该也没感觉，而且活着这件事本身就代表没死，那么思考死亡也就没有意义。伊壁鸠鲁说："**当我们活着时，死亡不会造访，而死亡来临时，我们早已不存在。**"真是言之有理。伊壁鸠鲁就是用这个方法超越死亡。

避免奢侈才是享乐？

"享乐"一词容易让人联想到在六本木被一群美女围绕，或是高级料理吃到饱——这种老掉牙的挥霍生活。但是，这并非真正的快乐。首先，想吃美食被视为"自然，但并非不可或缺的欲望"。既然如此，午餐吃个即食荞麦面就 OK 了嘛，并非一定要豪华大餐不可，能果腹就行。而喝到爽、吃到饱，"既不自然，更非不可或缺的欲望"，根本不需要。

伊壁鸠鲁追求的快乐是心灵的平静，他称之"平静境界"（ataraxia）。他主张探究知性的哲学，避免肉体享乐，追求清贫的生活。因此，应尽可能离群索居，以"隐居"为人生理想的境界（唉，梦幻的六本木夜生活，还是算了吧）。

早上起床以后，吃片土司，吃个荷包蛋，身体没有什么不适就是幸福；没被车碾过就是幸福；即使老花了，眼睛还看得见就是幸福；晚上能在餐厅里吃个便宜的套餐就是幸福。以上就是所谓"平静境界"讲究的极致幸福。每天都充满了感谢、感激，就一切 OK（好）、万事 No Problem（没问题）！

倘若不幸重病住院了，又该如何是好？伊壁鸠鲁说：反正一切事物都是由原子组成的，只能顺其自然了，也就是"不要愁眉苦脸"的意思。

> **练习思考**
>
> 有钱就会幸福吗?
>
> 活着的目的就是一味地追求快乐,现代人寻求享乐人生。但那需要钱,所以就要拼命赚钱!花钱买开心,就是通往幸福的捷径,反正只要有钱就会幸福了!真的是这样吗?

提示!

我们总认为要增加快乐才会幸福。但是,或许只要没有痛苦,就是幸福呢?

没有痛苦就是幸福

以伊壁鸠鲁的观念来看,不论人生多么享乐,若灵魂无法获得满足,那就是"不幸"。根本上来说,只要自己觉得"我很幸福"就是幸福了。幸福与否,不应该受物质欲望左右才对,想要获得幸福,只要排除不幸就好了。而所谓的不幸,指的是肉体与心灵之苦,所以首要任务就是注意健康,来点不花钱的运动(例如慢跑),降低脂肪与糖分的摄取,烟酒都稍微节制一些,过过心灵平静的生活吧!伊壁鸠鲁曾豪气地说:"只要有水和面包,就比宙斯还幸福。"让我们学习伊壁鸠鲁哲学,切莫因摄取过高热量而染上慢性病!

什么是"遵循自然生活"？

芝诺 Zeno
禁欲主义　斯多葛学派

> 越忍耐内心就能越坚强，这就是世上最愉快的事了。

国 古希腊　　说 apatheia（不动心）　　前490年—前425年
著 有，但都是断简残篇，未留下完整的著作。

什么是"遵循自然生活"？

"克苦"就不苦了吗？

　　斯多葛学派的芝诺提倡"克苦"，通过锻炼，达到一种不为快乐、痛苦所困惑的境界。芝诺认为，人的本性在于**逻各斯（理性）**，应该建立合理的习惯和行为才对，"stoic"（禁欲）一词正是源自斯多葛派。

　　芝诺说："**要遵循自然生活**。"但那并非叫你去散步或吃有机蔬菜，而是"理性地生活"，亦即遵循自然法则，过合乎逻辑的生活。那么，受情感的驱使便是不合逻辑的事了，因此芝诺以不为**感情（pathos）**左右为目标，以达到一种**不动心（apatheia）**的终极境界。

目标要减十公斤

今年也要得冠军

彻夜不眠,努力读书

  人类有<u>自我保护的本能</u>,这和伊壁鸠鲁学派"活着只要不受伤、不生病就好"的想法一致。但是,斯多葛学派认为快乐一点也不重要,例如肚子饿了要吃饭,但这是为了摄取营养,对吧?既然如此,享用美食和生啃胡萝卜就没什么差别,好吃与否无关紧要。同理,这个理论也适用于价值观,例如我们把思虑周全、克己节制、贯彻正义、勇敢无畏等特质视为善,相反地,把鲁莽无谋、放荡不羁、为非作歹、胆小怯懦等视为恶。那么,德行高就是好的。

  进一步就会得出以下的结论:<u>生与死、毁与誉、贫穷与富有、疾病与健康,凡此种种,都与提升人类灵魂的境界没有关系</u>。因此,从善恶的角度来看两者是没有差别的。所以被人轻视也好,穷困潦倒也罢,甚至身染疾病,这些都和提升灵魂境界无关。既然如此，怎样都无所谓。

内心深处的"自然法"

对斯多葛学派来说，遵循自然的生活就是按照理性过日子，那是因为世上有一种全宇宙适用的普遍性理法（逻各斯）。在人类下判断前就已存在的宇宙理法，被称为"自然法"；人类通过理性得知这个宇宙理法，进而实践许多良善之事，就像"不可杀人"这个自然法则就深植在人的心灵深处。

斯多葛学派指出：人在宇宙的唯一理法，就是在"自然法"之下都拥有理性，所以人人平等。隶属于世界这个共有家园（cosmopolis）的同胞，称为世界公民（cosmopolitan）；城邦崩坏后，斯多葛学派才发展出全人类的世界公民主义（cosmopolitanism）。后来，罗马帝国将"自然法"的概念应用于实在法（positive law）上。即便是现代制定的法律，追本溯源，根据还是"自然法"。

> **练习思考**
>
> **生活中都是些令人火大的事！**
>
> 我是个上班族，每天都要早起，睡眠不足，客满的通勤车厢就像是地狱。到了公司，又不得不和讨厌的上司和同事相处，年轻的下属也很没礼貌。工作无趣，薪水又低，还得加班，完全没好事。万一没达到公司的要求，恐怕随时会被裁员。唉，真是太火大了。
>
> 按照斯多葛学派的理论，此人该如何自处才好？

提示！

斯多葛学派受犬儒主义（cynicism）影响，以禁欲为理想，过着"如犬一般的生活"。

解答解说 人生，就是禁欲的修行

斯多葛学派主张："即使走在路上被石子绊倒了，也不可能叫它提前滚开。"换言之，对抗天意是徒劳无功的。历经连续的因果而诞生的世界（自然），是一种宿命。因此，**我们必须利用大自然赏赐的理性，进行压抑情感之苦行**，借此锻炼精神，直至达到不动心的境界。但这不是对现状的抵抗，而是借助理性的力量来克制欲望！若能把客满的车厢和人际关系视为禁欲般的修行，那么就能提振自己的心情，这就是斯多葛学派的理念。

年纪愈大，人生愈快乐！

西塞罗 Marcus Tullius Cicero
斯多葛学派

> 老年期是人生的高峰！对老年忧郁症说 ByeBye。

国 古罗马　　说 老年、死亡　　前 106 年—前 43 年
著《论老年》《论责任》《论命运》

年纪愈大，人生愈快乐

变老，更有智慧！

　　西塞罗是罗马时代的**斯多葛学派**哲人。他说，若认真学哲学，好好过生活，人生中的任何时期都能怡然自得。斯多葛学派主张：**只要遵循自然生活（理性度日），就能坦然接受年老**。哇，真是有能量的哲学呀！

　　人都不喜欢变老，但西塞罗却完全相反，他说我们应该以正面的态度来接受年老这件事。首先，他提倡：老人能做难度较高的工作。社会上普遍存在一种误解，认为年长者无法胜任年轻人的工作。但他认为，工作最重要的并非体力与敏捷，而是思虑、威严以及见识；随着年纪渐长，思虑和想

法也会随之成熟，就能做到年轻人做不到的事。他更进一步指出，年老导致体弱的想法是错误的，<u>只要持续保持热情并运动，即使是老人也能常保体力不衰</u>。确实，有人都九十几岁了，还活力充沛地工作！

西塞罗还说，老年人也不会有记忆力衰退的问题，丰富的知识学养反而有助于新语汇的丰富。最近的大脑科学研究也主张随着年龄增长，头脑会越变越好。他是这么鼓励大家的：<u>若能勤奋学习知识、磨炼精神，就不会有体力衰退的感觉；而持续工作的人，根本不会注意到自己老了。</u>

他认为年老的好处还不只这些，例如，年老后便无欲无求，而年轻时欲望横流，不但妨碍思考，甚至会发生悖德行为。因此，他极力提倡：步入老年，自然能远离这些坏处。

不必为死亡感到恐惧

脱离了欲望和野心的老年生活也可以很美好，没有比适当的饮食、有趣的谈话和在被自然拥抱的环境下安度晚年更幸福的事了。此外，年纪渐长很自然地会想到死亡将近，但西塞罗认为："接近死亡是一件非常美好的事。"他说："人生有限度这件事是理所当然的，但这不是最重要的问题，重要的是人生是否充实。"他提出"死亡是圆满成熟"的观念，并指出："努力培养美德，实践善行，把人生过得丰富而充实，就不会害怕死亡。"

况且死亡并非老年人的专利，是所有人都得面对的课题，年轻人也会遇到同样的问题，谁都无法预知死亡何时到来。西塞罗指出，死亡或许会令人不安，但假如死后灵魂也随之消失，那么死亡就不足为惧了。反之，死后若灵魂不灭，会到另一个世界去，如此，死亡更应该是心之所愿。也就是说，不必为死亡感到恐惧。在现代这个少子化与老龄化的社会，对年老抱持肯定态度的西塞罗，更是我们应当学习的对象。

> **练习思考**
>
> **退休后生活该如何安排？**
>
> 我今年 65 岁，已经退休了，现在每天在家闲晃，整天无所事事，也没什么特别嗜好。要是养条狗，就能带它出去散步了……出门去也没有特别的目的地，回家倒头就睡，不然就是看电视、喝喝酒而已。唉，这样的生活，还要一直过下去吗？想到就苦不堪言，连老伴也对我避之唯恐不及……
>
> 以西塞罗的观点来看，这个人该怎么做才好？

提示！
彻底翻转对年老的负面印象，把现在拥有的能力发挥到极限吧！

解答解说 学哲学，退休后也安心

西塞罗说："年老，就是回忆与珍藏之前收获的美德和善行。"因为累积的回忆很多，这就是老年的乐趣之一。更进一步，可以通过学习哲学，思考人生。你可以优雅地过生活，例如，读哲学书籍或散步。思考这件事是无止境的，或是到图书馆去借书回来也很好。可以让人免费获得无限喜悦的只有哲学。退休后学哲学，能让余下的人生过得更有意义。

抛开执着，一切痛苦都能消除

佛陀（释迦牟尼）Buddha（Śākyamuni）
佛教始祖

> 抛开执着，一切痛苦都能消除。

📖 古印度　　📣 缘起、无我　　前463年—前383年（说法不一）
✍ 无

摆脱人生痛苦的终极方法

人生一切皆苦

佛教教义有四法印之说：一切皆苦，诸行无常，诸法无我，涅槃寂静。

"一切皆苦"指的是人的欲望无法满足，所以会感到一切都是痛苦的。"诸行无常"意指世间一切都生生流转，所有事物都在变化。同时，万事万物皆不具自我同一性，会不断变迁，但人缺乏对自身的认识，我们总以为自己拥有不变的"自我"，其实并非如此，这个真理就是"诸法无我"。若能理解这一点，舍弃烦恼，安乐的境界就在那里了，这也就是所谓的"涅槃寂静"。

欢迎光临

我才不需要呢！反正那不是我的东西

我们渴望青春永驻，期待受人尊敬，想当有钱人，还要长命百岁……然而，这个世界本来就不断在变动，所以人的期望都是痴心妄想，违反了宇宙法则，就好比人生道路逆着走，只会徒增痛苦而已。

了解缘起，就能轻松自在

佛教的根本教义之一就是"**缘起**"，原意是"因缘而起"，也就是，一切的存在都是相互依存的关系。假如万事万物都因相互作用而存在，一切都是"**无常**"（都会变化）的话，那么处于各种交会与关系中的个人（我），也只是一种暂时性的存在吧！换言之，并没有一个永远不变的我这个实体（诸法无我）。再则，所谓的我，是由各种零件组成的集合体，因此佛教把人的组成要素称为"五蕴"（色、受、想、行、识）。

释迦牟尼（佛陀）一边如此说法，一边倡导能解脱人生痛苦的修行法门，就是实践"四谛"与"中道"中的"八正道"。他说，若能由此开悟，便可进入烦恼烟消云散的涅槃之境。所谓"四谛"（苦谛、集谛、灭谛、道谛），这四谛就如同人生的指南。

第一个真理是：人生是痛苦的（苦谛）；其次痛苦的原因来自烦恼（集谛）；而人活着之所以有痛苦，是因为对这个不断变化的世界（无常之世），总是心怀欲望。集谛就好像是在说"人痛苦的根源其实都是自找的"（集的意思是原因），进而揭示了消除烦恼，痛苦也会随之不见的观念（灭谛），亦即消除欲望便可解除痛苦的真理。那么，要如何才能消除欲望、挥别痛苦呢？他揭示了第四个真理，也就是摒除痛苦的修行法门（道谛），方法就是正见、正思维、正语、正业、正命、正精进、正念、正定（冥想）这八正道。释迦牟尼所倡导的佛教后来通过许多弟子，超越了时间，一直流传至今。

> **练习思考**
>
> **我才是人生的主角！**
>
> 　　自己赚的钱自己花，有什么错？人生只有一次，不好好享乐就亏大了，所以当然要全身心感受快乐，才不会后悔！你问我是谁？我就是我！我就是一切的一切，这全部都是我自己的功劳，没有靠任何人！没办法，我就是这么厉害！
>
> 　　从佛教的观点来看，这位仁兄的想法哪里有错？

💡 提示！

你忘记你还有父母吗？忘记空气、水和食物都是外界来的吗？忘记这个世界全都是别人努力的成果了吗？

解答解说 连你自己都不曾拥有自己

　　假如这世间万物都相互依存，没有任何东西能独立存在（缘起），那么你所拥有的也都只是暂时性的，甚至连你都不曾拥有过自己（无我）。快乐不可能永远持续，若过分自信，误以为一切都是自己的功劳，而忘记感恩，就会坠入地狱。珍惜相互依存的关系，对所有的人、事、物心怀感激，不耽溺于极端的快乐，而能确切实践中道（八正道），就是迈向涅槃之路。

人类言谈举止的基础
孔子 Confucius、孟子 Mencius
儒家　德治主义

> 爱与礼仪，是人的根本。

国 古代中国　说 仁、义、礼、智
著 孔子 无；孟子《孟子》

孔子：约前 551 年—前 478 年
孟子：约前 372 年—前 289 年

人类举止言谈的原点

人类的应行之道

孔子是**儒家**的始祖。他的祖籍是中国山东省，他很早就失去双亲，所以少年时代过得极为艰辛。他从鲁国小官做起，之后才慢慢有所发展。但因学说迟迟未获肯定，遂开始周游列国。

儒学的思想精华是"仁"，"仁"原本是指骨肉血亲之间自然萌生的爱，特别重视对于父母兄弟的亲情。**仁是天性之爱的出发点**，对父母的孝行是"仁"，而恳切地侍奉双亲是仁的基础，中国甚至有"百善孝为先"（《孝经》）的说法，可见仁德受重视的程度。

当然，**孔子提倡的"仁"，并不局限于血亲之爱，更可以向外扩展更多的关系**，因为"仁"是内在的、主观的，所以"一切从爱开始"的说法最为贴切。《论语》集结了孔子的言论，其中的《学而篇》中有下段记述："'有子曰：其为人也孝悌，而好犯上者，鲜矣；不好犯上，而好作乱者，未之有也。'"（有子即有若，孔子的弟子）。

至于受儒学影响的日本人，则对传统礼仪非常讲究，所谓的"礼"是维持社会秩序的规范。而"礼"就是将原本属于**内在、主观的"仁"，表现于外及客观层面的结果**。如果爱满溢于外，很自然地就会实践"礼"了。

孔子认为"仁"（体贴和爱）才是一切人际关系的普遍原则，进而发展为不违背良心的"忠"、体贴他人的"恕"。

孔子认为，以刑罚律人，人就会想钻法律漏洞，行不义之事。但假使能将道德根植心中，行为自然就会正当，不偏不倚。因此，他提倡德治，该理念在江户时代的文治政治*中被付诸实践。

人性本善

继承并发展孔子思想的孟子和荀子，分别提倡性善说与性恶说，各自将"仁"和"礼"加以扩展和解释。孟子把孔子的"仁"上升到"仁义"，即"仁爱之心＋正义之心"。

孟子的性善说可归纳为四善端，所谓端，是开端、前兆、萌芽之意。只要对萌芽的善苗施予充足的水分和养分，幼苗便能快速茁壮成长，结成"道德"之果。"四端"指恻隐、羞恶、辞让、是非之心。

根据孟子的说法，四端之心，人皆有之。四端之首是"恻隐之心"，指的是"对于他人的不幸，无法坐视不管""体贴、悲悯之心"，若把这点加以扩充，便会成为"仁"；"羞恶之心"意指"对于恶的厌憎之心"，发展后便会形成"义"的德行；"辞让之心"是"谦逊让人"之意，进而发展成为礼仪中的"礼"；而"是非之心"是能"正确判断"之意，故可发展成"智"。

孔子和孟子的教诲在我们的生活中随处可见，值得感激。

---

* 文治政治：指江户幕府第四代将军德川家纲至第七代将军德川家继时期的政治。

> 练习思考

给人的第一印象好，就能事事顺利吗？

有人这么说："人的第一印象有九成靠外表，因此有必要在衣着行头上花钱。此外，谈吐也很重要，为了得到对方的喜爱，得事先练习说话技巧。总之，就是得从外在下功夫！"

从孔子的思想来看，这个人的观念有何谬误？

提示！

孔子认为：内在的仁（爱），会自然流露于外而待人有礼，所以这位老兄应该是放错重点了吧！

解答解说 装点外表之前，要先修养内在

《论语·学而篇》，子曰：巧言令色，鲜矣仁！

孔子讨厌爱修饰外表又花言巧语的人，但是却能在朴素的人身上看见美好的德行。想让内在的、主观的"仁"也就是体贴之心能自然表露，表现于外在的行动上，那么就应该先存有体贴之心，这样就能自然表现于外。

无所作为，便能水到渠成

老子 Lao Tzu、庄子 Chuang Tzu
老庄思想

> 自然无为，万事顺利。

📍 古代中国　💬 自然无为、万物齐同　　老子：生卒年不详
📖《老子》《庄子》　　　　　　　　　　庄子：约前4世纪

无所作为，便能水到渠成

还有比不努力更容易成功的吗？

　　老子和庄子所追求的，是排除人为、顺应自然的生活方式，他们的思想合称**老庄思想**。老子否定儒家所倡导的人伦礼教，斥之为不自然的作为，他认为无须遵循人所制定的规则，只要顺应宇宙真理，也就是"**道**"就可以了。也就是说，正因为孔孟生逢乱世，儒家主张的仁义才受到吹捧；若天下太平，就没有必要去想多余的事。

　　老子指出：真正的道，是绝对无为的。这里并没有明确指涉，而是笼统地说**宇宙的原理**（**形而上之理**）。"道"既不可言说，也不能命名，所以只能称之为"道"。

再则，正因有"道"，万物才得以生存。老子认为："道"是种完全的存在，万物自然也是完美的，所以无须增添一分或消除一点，一切都会顺利无碍。诚如"道"的本身，我们只要按照自然的样子生活就好，这观念被称为"**自然无为**"。

有人为了勉强表现自己很出众，而执着于追求经历，贪恋名声、人气、财富、地位与权力。但若因此而压力缠身，造成精神疾患，那就全盘皆输，就如"**道常无为而无不为**"（《老子》第三十七章），千万别努力过度，凡事顺其自然即可。

宇宙万物没有大小之分

继承老子思想的庄子指出：人类运用智慧，对原为一体的世界——"道"，做出区分。就好比因为有人通行，而产生道路一样；就因为大家都这么说，所以约定俗成地形成了各种观念。

庄子认为，正义也是人根据自身利益而定义的，所以所有的价值判断都有偏颇之处。==若从无限大的宇宙层次来思考，便没有所谓大小之分；万物都是由人类自定的相对性来判断的。==人既无地位高下之别，也不存在任何差异，这个观念称为"==万物齐同=="。

在"万物齐同"的观念下，人可进入不受任何事物束缚，绝对自在的"==逍遥游=="境界，宛如在宇宙之海上冲浪一般，不抵抗也不逃避，浪来了就顺应它。若能达到如此境界，一切就会水到渠成，自然而顺利。能达到这种绝对自由境界的人，庄子称之为"==真人=="。

话虽如此，在当下这个时代，若将老庄思想照单全收，或许会无法适应社会。其实，它并非指毫不努力、随波逐流，而是要人不拘小节，活得轻松自在吧！现代人的每一天都很忙碌，因此，就让人放松这一点而言，老庄思想再好不过了。疲劳累积时，不妨试着"自然无为"一下，会很有效果。

> **练习思考**
>
> ### 走平衡木时要有的心理准备
>
> 今天是平衡木测验的日子，我拼命要求自己好好走完，千万不要出错。不料，途中忍不住摇晃，最后掉了下来。但朋友却轻松地带过："只不过是体育考试，没关系！"
>
> 就老庄思想来看，这个努力的人哪里有问题？

提示！

越努力越容易紧张，结果事事不顺。你是不是努力过头了呢？

解答解说 把一切交给天地自然吧！

若认为每件事成功与否都在自身，就容易因紧张过度而失败。要是从"道"这个至高无上的角度来看，其实成功或失败没有太大的差别，用这种心态去挑战事物，便可进入"自然无为"的境界。把自己交付给宇宙，就能保有自然的姿态。事实上，掌握主导权的并非自己，顺其自然反而会更顺利。

Q 哲学是什么？

A 当你问"哲学是什么"时，常常得到的回答可能是："哲学就是哲学！"简单来说，哲学就是一种纵贯上下，形成所有学问的根基。但人有时会自找麻烦，最后全部搞混，感觉更加困惑，这时候哲学宛如人生的黑客或骗子一样。

学了哲学而变得不痛苦的情况确实也是有的，但有时反而会为了原本无须烦恼的事而烦恼。哲学对数学、物理学、政治学、经济学、史学、文学等一切领域的学问皆有思考，因此容易被边缘化。此外，一旦你开始用哲学思维思考问题，万事万物看来都会很哲学，故哲学也被比喻为"禁果"，所以奉劝各位学哲学还是适可而止比较好。

Chapter 2
中世纪—近代

圣奥古斯丁（Saint Aurelius Augustinus）
圣托马斯·阿奎那（Saint Thomas Aquinas）
皮科·米兰多拉（Giovanni Pico della Mirandola）
马基亚维利（Niccolò Machiavelli）
笛卡尔（Rene Descartes）
斯宾诺莎（Baruch De Spinoza）
莱布尼茨（Gottfried Wilhelm Leibniz）
培根（Francis Bacon）
洛克（John Locke）
贝克莱（George Berkeley）
休谟（David Hume）
帕斯卡尔（Blaise Pascal）
卢梭（Jean-Jacques Rousseau）
康德（Immanuel Kant）
黑格尔（Georg Wilhelm Friedrich Hegel）
叔本华（Arthur Schopenhauer）

何谓完全、永恒、终极的存在？

圣奥古斯丁 Saint Aurelius Augustinus

教父哲学

> 人类对于永恒的存在，始终心怀憧憬？

罗马帝国　　神、恩宠　　　　　354年—430年
著《上帝之城》《论自由意志》

你希望"现在"持续到永远吗？

何谓完全、永恒、终极的存在？

　　无论在时间还是空间上，人类都是有限度的：不管走路还是跑步，能移动的范围都是有限的，搭乘交通工具也是；时间转瞬即逝，人终有一天会死亡。总而言之，人类是不完全的存在。

　　有限的人类，无法擅自决定真理（世界的真实）；真理超越了人的精神层次，因此<u>终极性的依据只能是比人类更高的存在</u>。而圣奥古斯丁是基督教的神父，自然会把"**上帝**"认定为终极依据。但不信"上帝"的人也无须担心，其实我只是把有限的人类无法理解的事，统称为"上帝"而已。而

我想要永久除毛！　　　　　　　　　　　　　我已经永久除毛了！

圣奥古斯丁认为，人无法议论上帝；上帝创造的人类（**受造物**），不可能理解那样巨大的存在。

或许你会想：上帝在创造世界之前都在做什么？他应该很闲吧？针对这个问题，据说圣奥古斯丁也有解答。他说："问创世前上帝在做什么并没有意义。"因为"时间"是创世后才产生的，所以有关世界创造前的所有问题都是 NG（No Good）的。总之，因为人类太渺小了，不懂的事很多，所以更应该虚怀若谷！

你相信永恒吗？

世界是上帝的赐予（**恩宠**），是从虚无中创造出来的，据说，人类的内在也刻印着如上帝记号般的东西，所以人类才会对神产生好奇。做了帮助他人的好事就会产生幸福感,那是因为上帝在人的内在种下"自然律"。所谓的"自然律",指的是神的法则,所以我们从一出生,就已经设定好判断善恶的标准了。

但人还是会做坏事,因为,即使神的法则在人的心中有道德约束的力量在,人的自由意志却会擅自违背神的命令。即使听到神这样对你说:"你喝多了吧?"**因为上帝同时赐予人自由的意志,所以人还是会堕落**,而且无法靠一己之力爬起来。人,就是这样软弱的存在!

不过也不用担心,因为上帝很温柔,早就内建了导航系统,所以即使走偏了,终究还是能被导航(恩宠)带回正轨。最后的设定是赐予我们永恒的生命。因此,即便只是假设也无妨,只要**相信永恒**,我们就能得到不灭的灵魂。

圣奥古斯丁说:"物质会因自身重量,前往自己该去的地方……若不是处在被设定好的位置,就会感到不安;若能被放在安排妥善之处,就能平静自在。而我的爱就是我的重量,不管我到哪儿,都是我的爱把我带到那里的。"(《忏悔录》第十三卷第九章)我们都在潜意识里追寻着"永恒=上帝",只要相信永恒,就会产生力量。

练习思考

世上有永恒的爱吗？

女孩说："我永远爱你。"她男友却回答："人终归要死，永远的爱是不可能的。"所以女孩非常生气。男友的理解，到底错在哪里呢？

提示！

所谓的"永恒"，并不是物理或数理上的无限，而是"灵魂"的永恒。

解答解说 神是完全、永恒的存在

世界上有各种设定，来举个例子吧！有个奋发向上的考生去太宰府天满宫求了个考试顺利的御守（护身符），这时候并不会有人跟他说："那只不过是个布袋子！"因为他本人其实很清楚这件事，却还是带在身边，人就是活在这种假想中的动物。只有不知趣的人才会说"以科学的角度来看，永远并不存在"，我们绝不可以说"不变的爱"，这是和物理法则相矛盾的。正因为人都有"永恒的存在"这个巨大的意象，才使得永恒变得有价值，而这正是一种奇迹。或许世上真的没有永恒的爱吧，但你相信的瞬间，永恒确实存在。

人能接近神到什么程度？

圣托马斯·阿奎那 Saint Thomas Aquinas
经院哲学

> 证明神的存在后，就谦卑地相信他吧！

国 意大利　说 推理证明神的存在　约 1225 年—1274 年
著《神学大全》

人能接近神到什么程度？

证明神存在的方法

经院哲学的集大成者圣托马斯·阿奎那，以调和神学和哲学为目标。所谓神学，是以《圣经》中神乃真实存在为前提所展开的各种研究。但是，若要回答"是否真的有神"，就必须用哲学的力量"**证明神是存在的**"。因此，圣托马斯·阿奎那运用逻辑推理，证明了神的存在，他说："一切物质都会动，但必须要有推动它的力量。因此，又会需要一个能推动这个'使它者动'的东西。若继续往前追溯，终将触及'**第一因**'，不再有任何力量能使其运动，那就是神。"

就如同多米诺骨牌效应，一个多米诺骨牌倒了，碰到下

一个，下一个又会倒下。这样的因果关系不断持续，继续往前追溯，应该会有一个起始才对；也就是说，一定有第一个人轻轻推倒了多米诺骨牌。世界也是如此，若没有起源就会变得很荒诞；一定有某个最初发出力量的东西存在，除了称之为神，没有其他说法了。此外，还有另一个可以证明神存在的方法："**自然物质本身虽不具备知识，却都带着某种目的性而活着**，这就要归功于有一个知性的存在，那就是神。"

植物或虫子都是带着某种目的性而活着，种子长成了大树，蜘蛛编织精密的网，而我们人类的存在，应该也有某种理由吧！引导我们走向那个目的的，除了"神"之外，不知还能称之为什么，所以神是存在的。

圣托马斯·阿奎那总共提出五点来"证明神的存在"，

日常生活中，我们对于这个逻辑似乎也都有所感受，宇宙的奇妙平衡、数学的统一对称性、大自然之美、生命的奥秘，甚至在雪花的结晶之中，也能感受到<mark>知性和目的</mark>的存在。如此想来，大自然必定也是那个拥有巨大能量创造者的产物了。

人类太渺小了，所以没能力认识宇宙？

以证明神存在为线索，阿奎那又进一步阐明神的本质：神是宇宙的出发点，因此被称为"第一因"，<mark>他本身不为外力所动，为不变亦不动者</mark>。此外，神也不从别处接受能量，自身就是种存在，这确实有道理。假如神还要吃喝，也太奇怪了吧！根据他的说法，神是最高阶、最理想的存在；神的本身就是<mark>"真、善、美"</mark>。

因此，人类会想要模仿神这个理想而且极致的存在，对"真、善、美"心怀憧憬，所以人如果努力接近神的行为就会被视为良善。反之，若妨碍人类发展、使人远离神，就是恶的表现。这样的说明很简明易懂吧！

但阿奎那也提到神的体积太大，而人类这个器皿太小，所以无法完全承载神，也不可能充分理解神。他说："只要接受神的恩宠之光，相信神，就能得到幸福。"或许我们可以说：由于人类的寿命太短，所以对于宇宙的奥秘，是无法完全领会的。

练习思考

未来人类能靠科学的力量成为神吗?

我是个科学家,我相信未来随着理论物理学的进步,人类将会了解宇宙的一切;生物学也必使人类永不死亡,甚至不久的将来,人就能瞬间移动。终有一天,人会变得和神一样,具有足以支配整个宇宙的力量。

根据阿奎那的哲学思想,这位科学家的主张有错吗?

提示!

存在物有可能完全理解超越其存在的、更高层次的对象吗?

解答解说 要知道人是有限度的

人类可借由科学力量极尽所能地认识宇宙整体的结构,这是有可能的。此外,或许有一天,科学也能让人类变为不死不伤的完美存在。然而,我们毕竟活在这个世界上,应该无法变成创造我们的能量来源吧?或许正是因为这种傲慢,才会产生环境破坏与核灾问题。科学万能的概念有其重要性,但承认人类的限度,抱持谦虚的态度,也是必要的!

人就是小宇宙

皮科·米兰多拉 Giovanni Pico della Mirandola

文艺复兴时期的人文学者

> 自由意志能让人成为神或是动物。

- 国 意大利
- 说 肯定自由意志
- 1463年—1494年
- 著 《论人的尊严》

人生道路的原点在此

人就是小宇宙

"文艺复兴"一词,是指15—16世纪从意大利发祥,后来扩展到全欧洲的大规模文化、社会运动,文艺复兴对抗的是中世纪的经院哲学。

中世纪的基督教认为,人的一生由神所决定,他们强制人要专心致志地悔改,努力不犯罪,过质朴的生活,因为神是伟大的,而人类在深思熟虑后做的决定仍错误百出。根据基督教的观念,自由意志会将人类导向恶途,人类就是因为有自由意志才会犯罪。

因为文艺复兴产生了新的潮流,这个时期盛行的是积极

人可以变成神，也可以变成野兽

今天我变成野兽！

的想法，认为："**正是因为拥有自由意志，所以人能做到任何事，也才能创造自身的命运。**"文艺复兴时期，意大利人开始阅读柏拉图和亚里士多德的著作，所以也流行超自然的世界观。

古希腊把宇宙视为**大宇宙（Macrocosmos）**，而把人类的身体看作**小宇宙（Microcosmos）**，彼此相互对应（对照理论）。智者的精神是小宇宙，不过，也和大宇宙对应。文艺复兴是希腊思想的复苏，因此，这个宇宙的理论产生了变化。

所以，要变成什么都可以！

皮科·米兰多拉在《论人的尊严》一书中说，人类不受任何束缚，能靠"自由意志"成为自己想要的样子。皮科更进一步扩展小宇宙的观念，强调<u>自由意志所能发挥的积极力量</u>。神虽然在创世后创造了人类，却未能留给这个新生的儿子任何礼物，也就是说，神未能赠予人类任何东西。相反地，他却赋予其他受造物各自的性质，并将它们置于世界的中心。

  第一个被创造出来的人类——亚当，神是这么对他说的："亚当，我并没有赐予你独立的空间、固定的相貌，或是特定的礼物。因为不管你心里想要什么地位、相貌或礼物，你都能依照自身的愿望和想法去获得。"换言之，神明明有能力赐予人类一切，他却故意不给。

  根据皮科的说法，人以外的其他受造物都具有"被限定的本质"，也就是说，被预先设定的法则限制住的，就是动物与自然。唯独人类不受任何束缚，能通过"自由意志"决定自己的本性。因此，我们不要认为一切都命中注定，反而应该释放神所赋予的潜在能量，努力过生活，如此才是理想的状态。

> **练习思考**

> 我很喜欢星座！
>
> 白羊座的你：悠闲地出门散步吧！可能遇到令你兴奋的事情！最好穿上轻便、好活动的服装。金牛座的你：太谨慎反而导致坏结果，凡事不要想太多！双子座的你：别期望太高！咦？怎么说的这些都跟我一样啊，但我是天蝎座的……
>
> 从皮科的观点来看，这本杂志哪里有问题？

提示！

占星术认为，星体的运行会影响人类的命运。但若从自由意志的角度来看，又会是怎样呢？

解答解说 未来是自己决定的

皮科否定占星学，因为人类有能力获得自己想要的东西，变成自己希望的样子。他说人的内在都被植入"不同种类的种子，以及所有的生命之芽"，因此，人可以从中选择自己想要的生活。换句话说，人类拥有足以与神匹敌的智慧，没有必要受天体运行的左右。我个人认为，占星术参考一下无妨，但坏的结果还是别太相信，相信好事就好！

政治与道德必须分开

马基亚维利 Niccolò Machiavelli
政治思想

> 为政者必须把政治与道德分割开来。

国 意大利　　说 政治与道德　　1469 年—1527 年
著 《君主论》

勇猛如狮，狡猾如狐

政治与道德必须分开

　　以《君主论》闻名的马基亚维利，是文艺复兴时期意大利著名的政治思想家。当时的意大利分裂为众多城邦国家，为了争夺势力，战乱不止。但欧洲其他国家在绝对王权的体制下，逐渐形成强大而统一的政府，而法国、德国、西班牙等国也抓住意大利内战的好机会侵略他们。"这可不行！"为了国家的存续与发展，马基亚维利就在这种政治背景下写了《君主论》这本书，期待意大利出现一位与过去截然不同的主政者。

　　他认为，一个能制定新法律、奠定新秩序的君主才能

得到荣誉；实至名归的君主，必须站在民众这一边，他必须有**保护自己和国家，不受内外侵扰的力量与智慧**。因此，马基亚维利认为，面对严峻的现状时，君主若想当好人，就会招致毁灭，这是极其愚蠢的事。应该这么说，唯有靠恶政才能保住地位时，就必须有无惧污名的决心，大声宣称："对，我就是暴君！"马基亚维利认为，应该把**政治切割在宗教与道德体系**之外，彻底实践严刑峻法。

君主必须令人畏惧

过去，共和国或君主国的理想，都受到柏拉图的哲人政治的影响，以理型论为基础，所以君主都必须是慈悲的好人。柏拉图将世界分为理型界与现象界，但是，马基亚维利追求能在身处的世界中拿来运用的真理。柏拉图的弟子亚里士多德说："人在本质上是属于城邦性的动物。"意指，人为了过得更好，会很自然地期待组织自然共同体。无论柏拉图或亚里士多德，都抱持性善论。

但马基亚维利却认为，要在==以利己观念为主的人类世界里维持良好秩序，某种程度的国家强制力是必要的==。亚里士多德以共同体的国家为理想，相对地，马基亚维利所建构的国家观，需要强势的最高领导者。

人为了不受他人侵害而制定法律，对犯法者处以刑罚，马基亚维利认为这就是正义的起源，所以人民在选择君主时，会期待思虑周详、有强烈正义感的人。也就是说，民众一直在寻求的是强而有力的领导者。

因此，君主看起来必须是理想人物，这一点固然重要，但他认为==有时也必须采取激烈果断的手段==，这代表"一个君主被臣民敬畏，比受他们爱戴更重要。"马基亚维利将政治割裂在宗教和道德之外，认为君主应该运用"==狐狸的狡猾=="和"==狮子的勇猛=="来治理国家。

练习思考

> **我为什么变成一个窝囊的老爸？**

我是个上班族，为家人尽心尽力，试图做一个好爸爸。我分担家务，打扫房间，照顾小孩，也努力工作。但是，后来却发现工作不顺，无法功成名就。相对地，某位和我同期进公司的同事，家里的事一概不管，只专心学好英文和电脑等各种技能，结果在工作中步步高升。

根据马基亚维利的理论，这个人犯了什么错？

提示！

为了达成目的，有时候必须把道德与行为分开。

解答解说 太想讨好别人，反而使人困扰？

只要运用马基亚维利"勇猛如狮、狡诈如狐"的观念，应该能变成一个勇于"Say No（说不）"、正气凛然的君主型人物吧！不虚妄矫饰，表现出真实内在，反而能获得信赖。没问题先生（Yes Man）所说的到底是不是真心话，旁人很难分辨，这样是无法获得信任的。最终，还是必须明确表达己见，所以他应该做个"被敬畏的老公"才对！（但后果自负。）

我思故我在

笛卡尔 Rene Descartes
欧陆理性主义

> 思考的"我",因思考而存在,故为不灭的实体。

国 法国　　说 心物二元论　　1596年—1650年
著《方法论》《哲学原理》《沉思录》

正因为我会思考,所以不是物质?

彻底怀疑一切后所理解的事

　　古代的亚里士多德哲学和后继的中世纪经院哲学,都用灵魂与内在目的解释自然界种种现象。但到了近代,则是**机械论的自然观**取而代之。机械论以撞球相互碰撞的动态来解释世界的关系。也就是说,最初世界被赋予力量,之后就靠彼此的因果关系任意运作,神的意志与目的并没有介入。

　　17世纪,法国哲学家笛卡尔就是机械论世界观的代表,为了追求<u>绝对确切的真理</u>,他彻底怀疑一切,被称为"<u>方法论的怀疑</u>"。意思是说,<u>要怀疑所有可疑之事,直到再也无法怀疑为止,剩下的才能称为真理</u>。

首先，笛卡尔认为凭感觉得到的资料都不确实，例如，把棍子放入注满水的杯子，棍子看起来是弯曲的。然而，实际上应该是笔直的才对，因此，感觉这种东西是不可信的。

另外，像是身处房间，烤火炉取暖，穿着冬衣这些情境也该怀疑，因为当我们做梦时，很多时候都不会发现自己是在梦中，既然如此，这个现实世界也可能只是梦境（即虚拟的）。进而，数学的真理也受到质疑，即使像 2+3=5 这种简单的计算，只是神（或恶魔）刻意让我们如此计算的也说不定。这样的怀疑或许有些过头，但他就是彻底怀疑到这种程度。

区别物质和精神，机械式思考世界

但无论如何也无法再怀疑的，就是思考中的"我"正存在着这个事实。"意思是，即便我想：这一切都是虚假的，然而，此刻正在思考的我，也必然得是某种存在才行。不管怀疑论者的手法多么激烈，也无法撼动'**我思故我在**'这个坚定且确实的真理。"（《方法论》）

总之，当我怀疑"我真的在思考，还是其实并没有在思考"时，就会发现："啊，这确实就是思考啊！"也就是说，思考"并不在思考的我"这件事是不可能的，于是笛卡尔将"我思故我在"列为**哲学的第一原理**。另外，思考的我（精神）和肉体的我（物质）性质是截然不同的。

精神和物质是不同的实体（**心物二元论**）；它们虽同为实体，但精神的属性（本质）是**思维**的，而物质的属性则是**延展**的（占据空间）。身体消失后，精神仍会留下，以灵魂的状态存续（**灵魂不灭的证明**）。此外，用彻底的机械论与决定论来说明物质的运动，作为几何学所规定的三次元的量，能被科学性地计算出来。如此，笛卡尔将精神要素完全排除于物质之外，从而确立了机械论的世界观。

练习思考

心灵是从大脑衍生出来的吧？

近年来，脑科学很发达，有人认为心灵是由脑神经细胞联结所形成的，因此人死了一切就结束了。由于心灵是大脑的衍生物，故思考便是大脑内的电流反应。或许不久的将来，AI 人工智能也能模仿人脑，拥有自己的意识！因为世界的一切都是物质。

这种想法以笛卡尔来看是错误的，它的问题何在？

提示！

大脑是物质，心灵也是从物质中产生的，所以，物质的地位是否早已高过其他了？

解答解说 "物质与心灵"是不同层次的存在

若以自己的内心为出发点，那么先产生的不是物质，而是名为"我"的这个自我存在。即使用"看得见物质是因为有光的反射"这个例子来说明，但这个说明仍和看得见"是两回事"。换句话说，精神的体验和科学的说明虽然能同步，但却是不同的东西，这就要归结到复杂的二元论了。要解决二元论的问题，只能回到物质一元论，强调大脑就是一切，但每个人心中都会觉得："那样好像不对。"

无论过去还是未来，早就决定好了

斯宾诺莎 Baruch De Spinoza

欧陆理性主义

> 要豁达地想：人的一切，无论过去还是未来，早就决定好了。

国 荷兰　说 泛神论、决定论　　1632年—1677年
著 《伦理学》《笛卡尔哲学原理》

一切事物都有因果关系

万物皆可用一个原理说明

　　笛卡尔的心物二元论认为，身心是不同的东西。但是，分成两个很麻烦，因此荷兰哲学家斯宾诺莎就将之整合为一，要把两个东西变成一个，只需要改变视角就可以了。

　　例如，东京铁塔从侧面来看是尖的，从上方看起来就是四角形的了；它既是尖的，又是四角形的。同理，斯宾诺莎把笛卡尔分开的物质与精神合而为一，以"<u>神或自然</u>"这个词语统一起来。如此一来，心物二元论就理想地整合为一元论的"神"了。不过这个"神"泛指宇宙整体，和神社、基督教会所说的上帝无关。

"神"以精神与物质二者同时呈现，因此，也可用同步的概念来说明。例如当你产生"走吧"的念头时，"脚就会往前迈进"。斯宾诺莎认为，"神""自然"是最高位阶的存在，不依附于任何其他事物。由于能量自足，便无吃喝拉撒的需要，而这个永恒不灭的能量就是"神"。"神"无须仰赖他者，是 All in One 的存在，故称其为"**自因**"，不受限制，所以能自由自在。

也就是说，**世间万物都是"神"的各种变化**（例如大海以波浪来呈现），物质也同时是精神，就这样，斯宾诺莎把神与自然视为同物。神不但包容、统摄了一切，也普遍存在于一切事物之中，即无所不在，这种思想被称为"**泛神论**"。

用逻辑认识情感，并予以控制

世间一切现象，都是在神这个自然物的安排下所产生的必然结果，所以人类的诸多"情感"，也可依据自然法则，以"几何学的秩序"来说明。借此，便能从隶属"情感"的状态中超脱出来。当你快要崩溃时，若能运用理性，最后总会有办法的。

斯宾诺莎哲学指出，一切事物都归结于"**神本来的必然性**"，就像多米诺骨牌效应一样有**因果关系**。也就是说，一切事物早已注定。以这个理论来看，人并不具备自由意志，何时出生、进哪所幼稚园、读哪所学校、到哪家公司上班、什么时候会死，全都已经注定了。

斯宾诺莎哲学更指出，要能理解一切现象的发生都有其必然性，唯有如此，人才能获得"自由"，因为更了解自己的"喜悦"，就是更加了解神的"喜悦"。（世间一切都是神，所以自己也是神的一部分。）

像这样，在必然关系下掌握万物，就是"**在永恒的相下**"（sub specie aeternitatis）看事情，因为人类也是自然（神）的一部分，爱自然也包含对于包括自身在内的万物的爱，进而产生"对于神的知性之爱"。斯宾诺莎认为，人类最大的幸福莫过于此。

> **练习思考**
>
> 假如当时那样做就好了……
>
> 跟你说，我前阵子买了股票，大约砸了 200 万日元吧！没想到瞬间股价暴跌，现在只剩 20 万左右了。我只要想到就觉得后悔，心想要是当时没玩股票就好了。唉，其他后悔的事还多着呢……
>
> 根据斯宾诺莎哲学，这位仁兄的想法哪里有问题？

💡 **提示！**

他不懂凡事皆为必然，才会懊恼不断，想着假如能重来的话……

解答解说 看透人生吧！不管重来几次，结果都一样

斯宾诺莎哲学采取<u>决定论</u>立场，所以花时间去想"要是当时'如何'就好了"根本没有意义。"神，或自然"机械性地产生了世界，因此，世界就像撞球一样，一切都计算精准地运作着。既然未来早已决定，那么<u>多余的后悔也于事无补</u>。若能从宇宙层级来理解"一切都是必然"（"在永恒的相下"看待事情），无谓的烦恼就会消失无踪。

世界充满了能量！

莱布尼茨 Gottfried Wilhelm Leibniz
欧陆理性主义

> 一切都是预定和谐的，所以没有问题。

国 德国　说 单子论、预定和谐　　1646年—1716年
著 《单子论》

世界的精巧真了不起

世界充满了能量！

　　莱布尼茨是数学家也是哲学家，不但建构了微积分学（比牛顿更早发表），还发明了相当精密的计算机，是个十足的天才。话说莱布尼茨对笛卡尔的物质观非常有兴趣，笛卡尔提出的物质观指"会延展的东西"（占据空间之物），物质是三次元的量，仅仅存在于空间中，唯有加入外力时才会运动（如撞球的球一样）。

　　但莱布尼茨思考的是：物质难道不能更有活力一点吗？我们不应该把物质视为几何学所规定的三次元的量，而应以"力"（force）来看待。假如物质有的只是它所占空间的

预定和谐
真讨厌!

我们还是
撞衫了!

量,那么就可以无限分割才对:一半的一半,再分为一半的一半……如此永无止境。因此,莱布尼茨不将物质的终极单位视为三次元的量,而称之<u>单子(monad)</u>。

根据他的理论,世界上的一切都是单子,万物都是由"力"(force)所组成的。过去,非物质的东西只能用"精神"一词来表达,莱布尼茨也把单子视为"精神"。要是现在,可能会用能量或波动来表达吧?总之,莱布尼茨很早就预见了物质的深处蕴藏着不可测、不可解的力量。

世界是完全预定和谐的

根据莱布尼茨的说法,世界充满了无数的单子,此外,单子是各自独立的实体,他用"<u>单子没有窗户</u>"(不交换情报）来表达，因为全宇宙的信息都存在于每个单子里了。就像天然矿物只是单纯的单子，不具备意识。但动物是有意识、有记忆的单子，而人类则是由会反省、有自觉的单子组成的。意思是说，单子有层次的高低。

话虽如此，但倘若单子作为无数个独立的实体各自运作，彼此毫无关联，那么，物质之间的关系以及心灵与身体的关系，又该如何说明呢？莱布尼茨说这两者间并无冲突，因为神这个创世者在创造万物时，已事先对应各个单子的变化与活动使彼此同步了。在现代谈论开天辟地，恐怕很多人会有违和感吧？那就想成宇宙大爆炸之类也行。

那时，全宇宙的资讯都被输入已成为情报集合体的单子内了，用时钟来比喻的话，就像是彼此独立，但所指的时间却相同。宇宙情报已被事先编制进无数的单子里了，因此世界的运作是有共时性的，所谓无数单子以各自独立的实体运作着。这样的话听起来有些暧昧难解，像是在讲科幻故事。但，这就是所谓的"<u>预定和谐</u>"。

莱布尼茨指出，**世界是最完整、最和谐、最美丽的存在，完美到没有任何一样东西是多余的**。根据其论点，发生问题时，就像音乐里的不谐和音[*]一样，但整体而言则是顺利的。

---

[*] 不谐和音：音乐术语。意指同时发出两个以上音程不协调的音。

> **练习思考**
>
> 世界会变得越来越糟糕吗？
>
> 未来越来越没有希望了，还说什么景气回升，其实贫富差距越来越大。恐怖袭击、天灾人祸，样样都叫人触目惊心。电视上看到的，都是贪污政客的丑闻。少子化与老龄化问题，则是年年恶化。感觉未来也很难会有好事发生，真不知活着有什么意思。
> 你觉得莱布尼茨可以给他什么忠告吗？

提示！

相信万物中存在着超越我们想象的力量，就会对世界心存敬畏。

解答解说 坏事就像不谐和音

看看自己的手表和别人的手表，时间完全一致，这是手表精准的证据。同样地，车子行走、电脑运作、植物与动物的生长，一切的一切都证明了整个世界是依据完美的系统运作着。所谓的"预定和谐"，就是万物皆完善运作的意思，所以这个世上没有任何东西是多余的，各自对所属世界的完整性做出贡献吧。莱布尼茨说"恶比善少很多很多"，所以就让我们寻找事物美好的一面吧！

学会科学思考吧！

> 培根 Francis Bacon

英国经验主义

> 以科学方法整合实验数据。

- 国 英国
- 说 归纳法
- 1561年—1626年
- 著 《新工具》

学会科学思考吧！

空调的发明是拜培根所赐？

培根是英国文艺复兴时期的代表，他的**科学思考方法**对后来的欧洲自然科学界，产生了无法度量的影响。除了科学思考外，他也活跃于文学、政治、法律、历史等领域，特别在政治方面，詹姆士一世统治时期，他曾任掌玺大臣（1617年）和大法官（1618年），拥有一人之下万人之上的地位。

培根不受中古时期老旧传统的局限，在文艺复兴时代那种**信赖人类理性，侧重于探究人与自然关系**的氛围下，建立了成熟的思想体系。他将陈腐的观念连根拔除，建立学术研究的新方法，建构了崭新的学问体系。

他说："知识就是力量。"但那不是说大量的知识可让你通过资格考之类的，而是掌握了自然法则，就能够支配自然。个人电脑或智能手机，只不过是从某电脑公司或某电信公司买来的，既不是自己的发明，对发明原理也一窍不通，那么，拥有技术的人又如何呢？设计 IC 芯片的人，或开发汽车的人，则拥有该领域丰富的专业知识，这一点是毋庸置疑的。

但那些技术也不是这些人发明出来的。也就是说，这些专家继承了伟大先人的文化遗产和技术发明，使我们能够享受过往知识的恩泽。因为有冷气，夏天我们才能过得舒服，说起来这还真是奇迹呢！而最初想出要**了解自然法则，进而支配自然**（天热时降温）的，就是培根这些科学思想家。

名为归纳法的新观念

将存在于自然中的法则提取出来的方法,称为"归纳法"。而自然法则得通过各种实验才能发现。那么,怎样才能产生科学思想呢?培根说,必须去除四种偏见:**种族偏见**、**洞窟偏见**、**市场偏见**、**剧场偏见**。

①种族偏见指的是人类共通的妄念。例如,打雷是神明在发脾气这种误解。

②洞窟偏见是每个人各自的偏见,因性格与过往教育之影响所带来的偏见。

③市场偏见指言语使用不当产生的偏见,也就是语言谬误造成的思考偏颇。

④剧场偏见是对权威学说的囫囵吞枣,好比看戏的人,误把戏里演的当作真的一样。因此,切莫把学校老师教的照单全收,而是要怀疑:"这会不会是剧场偏见呢?"

就这样,剔除四大偏见,应用科学思考法,使培根意识到:新科技具有革命性的力量。因此,我们才能蒙受其惠,每天都过着便利的生活。

练习思考

> 现代人的生活真方便！

某人善用云端技术，整合平板和个人电脑，以提升企业的运营效率。移动靠的是汽车，有导航就畅行无阻；他在高速公路上任意穿梭，晚上投宿豪华饭店；通过船只与飞机，享用世界各地高级食材精制而成的美食。突然间他意识到："学生时代学的数学和物理，对我的工作一点用也没有！"

从培根的角度来看，这人的可笑之处在哪儿？

提示！

世间的各种物品，都是根据自然科学的法则制作而成的，但大多数人都忘了这些便利都是科学的恩惠。

解答解说　那并不是你自己做的！

现代人活得越来越傲慢了，生活所及尽是由理科知识制成的人工物品，而文科人很爱说数学、物理、化学那些知识毫无用处，却理所当然地使用着智能手机、个人电脑，用化学制成的药品、牙膏、清洁剂，穿着化学纤维的服装。我们回顾历史，就能知道是思想家传播了科学方法，而科学家进一步开发了科学技术。人类社会应该以科学思想为基础，投入更多科学教育，培养年轻的科学家，如此才有光明的未来。

人，有选择的自由

洛克 John Locke
英国经验主义

> 人出生时，内心如同全新的白纸。

国 英国　说 经验、观念、认识　　1632 年—1704 年
著《政府论》《人类理解论》

思考所谓"认识"的意义

认识论哲学的源头

　　1673 年冬天，洛克与朋友聚在房间里展开复杂的辩论，他们讨论神是什么，何谓信仰，是否有人人都能认同的道德等议题。此时洛克却说，做再多的哲学讨论，倘**若不知道议论者本身的知识程度，就没有意义**，所以在谈论神和道德前应该先做的是仔细考量人的能力。"人类的认知具有怎样的组织结构？"这就是**认识论**的起源。

　　笛卡尔认为，人与生俱来就拥有一定程度的知识（**天赋观念**），也就是大众认同的普遍知识（原理）。相对地，洛克却认为没有与生俱来的道德原理（不是出生就具备的意思）。

并非只要在神的世界里,"正义"的概念都固定不变,正义会因时代变迁与社会差异而有所不同。换句话说,通行于各个时代和国家的正义并不存在。当然,洛克并没有否定神与道德的意义,他只是说,必须依据人的知性来理解。

洛克认为我们的知识是由**观念**形成的,观念是思考时浮现于脑中的事物(也就是意识的内容),桌子的观念、椅子的观念等,都存在脑袋里。但它出自于曾经看见过或碰到过的经验。因此我们的内在,最初就如同**白纸(tabula rasa)**[*],是经验为它提供了观念。

---

[*] 白纸:tabula rasa 的原意是拉丁文的白板。意指人类生来并不具备内在或天生的心智,一切知识都来自后天的感官与经验。

人，有选择的自由

洛克认为，不管物质处于何种状态，形状、固体性、延展、运动、静止等观念，都不能与该物质分割，例如，当我们思考足球时，即包含形状、延展、运动、静止等观念。

洛克将物质的原初性质，称为"**初性**"；另一方面，颜色、声音、香气、冷暖、软硬等观念，则是人所感知到的东西，并非物质原本的性质，故洛克命名为"次性"。

洛克说，"初性"实际存在于物质之中，"**次性**"则是唯有人类才能感受到的东西，不能视为物质的本质。洛克用火来说明，暖炉的火令人温暖，但太靠近却会烫伤；火本身并没有改变，问题出在人的感觉。

话说，各种观念都会变成物质欲望，例如，对于烧肉的观念，会联结到想吃的欲求，也就是说，物质的观念会影响心理。此外，即便一直有想吃烧肉吃到饱的欲望，**人类还是会通过自省克制欲望**。能控制欲望，便可发现自发性，于是产生了"自由观念"。动物依本能行动，人类却有能力对下一个行为做出抉择，这就是洛克说的"**自由观念**"，因此人类能自由地创造未来。

练习思考

> **千错万错，都是别人的错！**

学生A君不满自己的出生环境，对父母不满，对学校老师不满，简直就是不满的集合体，他甚至说"这是个莫名其妙的世界"。他认为自己的不幸全都是外界事物的错，假如环境好一点，自己的人生就会不同了，"唉，我真是身不由己啊！"

A君的想法在洛克来看，哪里不对劲？

提示！

外因不能主导一切，有一半是自己造成的，所以要反求诸己。

解答解说 学会正面积极的自由哲学

有学生不满学校老师教学方法拙劣，害得自己成绩不好。但是，吸收学问与老师教学方法的是自己，当资讯从外在世界进来时，人可以对内心的观念做出取舍。不要机械地回应来自外界的输入，保持适当距离，选择后再做决定，这就是人类的"自由观念。"

其实物质存在于心中

贝克莱 George Berkeley
英国经验主义

> 物质是资讯的集合，世界是虚拟的空间。

🏳 爱尔兰　　📢 知觉、观念论　　1685 年—1753 年
📖《人类知识原理》

其实物质存在于心中？

真有一个包围着自己的世界吗？

贝克莱是一位牧师兼哲学家，他主张并无明确证据显示外界有物质的存在。因为，物质虽然有颜色、占据空间等性质，但必须被感知，才会给我们"存在"的感觉。因此，颜色、形状等视觉信息，坚硬、柔软的触觉感受，甚至气味等的信息，都必须让我们的心灵接收到，假想世界才能成立。

贝克莱主张：<u>一切感觉的实体，都只存在于能觉知到它存在的人心里</u>。所以我们完全不必追求超越感觉、存在于外界的事物。"当我说：'我用来写作的桌子是存在的。'那是因为我能看到它、触摸它，所以即使我离开书房，也会说里

面有桌子。因为假如我在里面的话就能感知它的存在。换言之，在现实中有另一个精神感知到这张书桌。有气味，意思是它被闻到了；有声音，指的是它被听见了；所谓事物的存在，是由于它们被感知的缘故。但是，它们在心灵之外，亦即在可感知事物的'思考者'之外，都是不可能存在的。"（《人类知识原理》）

承上所言，任何事物只要离开"被感知"的状态，都不可能"存在"，所以我们眼前所坚信的真实世界，只是个虚拟空间而已。贝克莱说："**存在即是被感知**。"根据这个哲学理念来看，我们的世界就像电影《黑客帝国》（*The Matrix*）一样。

那么，这世上建构我们的诸多信息，是从哪里发送而来的呢？贝克莱认为，创造这个假想空间的，并非人类；假如人有能力创造虚拟现实，应该会按自己的希望去做，飞天遁地，无所不能。但事实上，人类无法随心所欲，只能在物理法则的范围内移动。

因此，在世界的某处，必然有一个巨大如服务器般的东西才对。而向我们生存的世界传输信息的，究竟是何方神圣？他认为，肯定不是有限的人类，而是一种无限的精神，亦即创造万物（当然包含人类精神）的某种巨大系统。**该系统如同电视台，不断向人类传输他建构的假想现实。**

贝克莱是基督教会的牧师，也依传统观念称之为"神"，神时时把感觉性的观念资讯传递给我们的精神，通过他这部巨大服务器传递的各种感觉性观念媒介，可使我们与他人相互交换信息。这个观念不可囫囵吞枣，但是假使我们能理解这世界并非原原本本的存在，而是一个情报空间的集合，或许就某种意义上来说，就能解释为虚拟空间。

练习思考

> 眼前有东西是理所当然的吗？

以科学角度来思考，大脑接受的情报，是由存在于外部的物质传递而来的。因此，我们理解的外在世界和我们的理解之间，并无丝毫的差异；它就原原本本地存在于那里，例如即使人没看见马克杯，但它还是有其形状、颜色，这是理所当然的想法。

然而，若以贝克莱的理论来看，这个观念哪里有问题？

💡 **提示！**

真的有人能完全理解外界物质吗？

解答解说 或许这个世界只是个假想空间

现代美国哲学家希拉里·普特南[*]曾提出一个名为"水槽之脑"的思想实验，科学家把某人的脑摘出，放入注满培养液的水槽里，接着将脑的神经细胞与电脑联结。于是，与现实世界完全相同的数据就传输进水槽之脑里了，但脑本身并没发现自己在水槽内。假如我们生存的世界，也和这个巨大的系统类似的话……附带一提，上述问题的思考方式，是被称为朴素实在论的古典思想，**人类是无法完整掌握外部世界的。**

---

[*] 希拉里·普特南：Hilary Whitehall Putnam（1926年—2016年），美国哲学家、数学家与计算机科学家。

为什么知道"球丢出去就会飞"?
休谟 David Hume

英国经验主义　怀疑论

> 因果关系只是一厢情愿，其实我们无法预知未来?

国 英国　　**说** 否定因果论　　　　1711年—1776年
著《人性论》

为什么知道"球丢出去就会飞"?

既无自我，也无因果

　　经验论对人的知觉和观念进行了深度考察，于是开始对我们视为理所当然、确实存在的外部世界感到怀疑。休谟把出现在人心中的一切知觉，分为**印象**和**观念**。"印象"的现实感较强，而"观念"比较不鲜明。吃香蕉时的现实感是"印象"；而觉得"啊，我吃了香蕉"，则称作"观念"。

　　因此，人所经验到的印象会变成观念，例如投出球，球飞出去（原因与结果）的因果关系，就是"投球"和"飞出去"两者，以观念结合的结果。当我们多次经验到两个事项

的结合时,"观念"就形成了。人们会倾向认为这两个事项的"观念"之间,存在着必然关系(**观念结合**)。但**因果律**只代表经验得到人们的信服而已,其实并不存在。休谟说,"原因"与"结果"的观念,只代表经验的联结。

一般来说,牛顿力学被视为宇宙法则,是一个原本就存在的前提,所以球丢出去就会往前飞。但休谟的看法不同,他认为从孩提时代起我们就不断重复着投球、球飞出去的经验。久而久之就让"球"和"飞出去"的观念结合,后来我们只不过是相信了"投球就会飞出去"的因果律而已。这可说是非常不合常识的想法吧?假如因果律只是一种信念,那么牛顿力学也只具有经验上的正确性。(也就是说,即便再丢一次球,也没有证据表明球一定会飞出去。)

外在世界与因果关系都不可信

休谟主张数学等各项科学都是"直接的,乃至论证上的确实",令人存疑的是与其他"事实"相关的知识。很多学问若都依附于经验,那么就是概然性的(看起来像是……),多半只是假设而已。

于是,休谟否定了外界的存在以及因果关系、伴随着经验所形成的知识,进而也开始怀疑所谓的心灵,认为并没有**心灵这个存在于某处的实体,有的只是知觉而已**。而被称为自我的东西,只是各种"**知觉的集合**",它们以意想不到的速度继起更迭,不断变化运作着。

所以,若把"因果法则""外界""心(自我)=实体"全部除去,那笛卡尔所提倡的欧陆理性主义哲学就等于被全盘否定了,因为该学问建构在合理的推论上,这下子却全都变成虚构的了。

当然,休谟也不是整天都在怀疑外在世界的存在,他说:"当我离开书桌,要走出书房的瞬间,一切疑虑就都消失了。"这就像哲学世界里的"思考实验"一样,当我们发展经验论的理念时,就会变成这样。第一位对人们深信不疑的"因果律"提出反驳的哲学家就是休谟。

练习思考

何谓毫无根据便信以为真的因果关系？

我很喜欢看电视里播的血型分析，说今天 B 型运势最好，我刚好就是 B 型，幸运物是烧肉和猫咪布偶，那么今天午餐就吃烧肉吧！包包上挂只小猫饰品再去上班……哎呀，怎么搞的？今天不但迟到，工作也失误连连，甚至还被男友甩了！真是祸不单行呀！怎么会这样？

根据休谟理论来看，她的想法哪里荒谬？

提示！

我们常在不知不觉间，把独立发生的事情联想、串联在一起，认为彼此有着因果关系。

解答解说 所谓的因果关系，只是信念而已

假如买黄色的长钱夹，就会赚大钱，这种说法只不过是把"黄色长钱夹"的观念和"会赚大钱"的观念通过联想结合在一起罢了。休谟认为，即使是物理法则，也只是因为大家暂时没有发现矛盾便信以为真而已。我们日常生活中深信不疑的因果关系，或许根本是妄想。我们有必要对"读这套英语教材，英语一定会进步""这方法能让你变成亿万富翁"这类具有因果关系的说法，抱持怀疑的态度。

人是会思考的芦苇

帕斯卡尔 Blaise Pascal

帕斯卡尔方法

> 人是会思考的芦苇,所以比宇宙还伟大。

国 法国　说 思考的芦苇、中间者　　1623年—1662年
著《思想录》

身为中间者的人类会摇摆不定

"我不原谅笛卡尔!"

　　帕斯卡尔出生于法国南部的克莱蒙费朗,是税务法院院长的长子。他在学术研究上极为早慧,16岁就写了《圆锥曲线论》,18岁设计出了计算器。正如帕斯卡尔*一词所示,他完全就是个理科天才。此外他也有虔诚的基督教信仰,《思想录》是他的宗教思想之作。

　　帕斯卡尔曾论及两种精神层次,即"几何学精神"与"纤细心智"。"几何学精神"源自笛卡尔,简而言之,就是

---

*　帕斯卡尔:此指以帕斯卡尔命名的国际单位制(SI)之压强单位,简称帕(Pa,Pascal)。

指世界是种机械性的装置；而"纤细心智"意指人类具有宗教情怀。

帕斯卡尔否定笛卡尔的机械论世界观，"我无法原谅笛卡尔，他的哲学完全漠视神的存在。为了世界的运作，他必须让神弹指一动，但利用完了，就把神一脚踢开。"这里的"弹指一动"，就是宇宙大爆炸之类的观念。

笛卡尔认为神创造世界，赐予物质运作的力量之后，世界就像撞球彼此撞击一般机械性地运动。帕斯卡尔对于**以几何学精神描绘的世界感到恐惧战栗，因为它对人生的目的、意义与价值完全避而不谈，是一个永远沉默的无限空间。**

因为无法安住于如此冰冷的世界，所以他以"**心情逻**

辑"为基础，向内追求能直接感应的神，更指出光靠理性无法掌握整个世界，知道"==爱的秩序=="是有必要的。

"人是会思考的芦苇"所指为何？

帕斯卡尔对人类的悲惨和伟大做了仔细的观察，指出我们处于自然与神之间，进而对神做出讨论。《思想录》由人类论与宗教论两部分构成，根据他的看法，人位于无限的中间。和广大的自然比起来，人类"漂泊一隅，几乎渺小到无"，"但若和一只壁虱相较，人的身体却是巨大的世界"。==以无限来看人类等于无，但相对于无，人类又是全部，亦即处于无和全体之间。==

帕斯卡尔认为，人是由无限和无这两个深渊所支撑，是一种不安的存在。"要杀死渺小的人类，不需要整个宇宙武装起来，只需一阵风，一滴水就足够。"（《思想录》）

即便如此，人却比能杀死自己的东西高贵多了，因为==**"宇宙利用空间把我包围，我却依赖思维包围宇宙"**==。人是==**"会思考的芦苇"**==，知道自身既渺小又悲惨，就这一点来说是伟大的。人很脆弱，如同一折就断的芦苇，但因为会思考而能包含整个宇宙，故人类是既渺小又伟大的存在。而且帕斯卡尔认为，人类不管多么悲惨，都有努力提升自己的意愿。

但他也提出以下告诫：一不小心，人就会陷入想要"==解闷散心=="的心态，这是把注意力从自我省思转移的状态，其实是浪费时间，所以我们应该把思考放在第一位！

> **练习思考**
>
> **人类太渺小了，生命没有意义？**
>
> 反正这个世上也没有人在乎我，对世界而言，我只是一粒尘土。没错！我真的非常渺小，人的一生一眨眼就结束了。但往天上看，却是无穷无尽，真不知活着有什么意义。唉，要是不打柏青哥（一种游戏）、喝喝酒来"解闷散心"，实在过不下去了。
>
> 从帕斯卡尔的观点来看，这个人的想法错在哪里？

提示！

人类确实很渺小，体认到自身有如芦苇般虚无，但一转念又知道能包容整个宇宙，唯一的方法就是"思考"。

解答解说 "开心就好"的想法使人变得卑贱

人类兼具逻辑性（几何学的精神）和敏感性（纤细的心智），无法靠道理随便判断的就是人，会意志消沉、会不安也是人之所以为人的证明。因此别靠"解闷散心"蒙混过去，应该通过"思考"，保有人性的尊严。若遇到困难就想"解闷散心"，等于证明"自己没有用"。"解闷散心"固然可能忘却一切，却无法解决问题。选择做哲学性"思考"，正视人生的课题，至少不会迷失自己。

人生而自由，却无所不在枷锁中

卢梭 Jean-Jacques Rousseau
启蒙思想

> 要创造一个人人都能参与的理想社会！

国 法国　说 社会契约、一般意志　　1712年—1778年
著《论人类不平等的起源与基础》《社会契约论》《爱弥尔》

回归平等的自然状态吧！

正是不平等害了我们

卢梭认为人性本善，但社会造成了不平等状态，进而腐化了人性，所以为了让人类恢复无垢的本性，必须进行社会与认知的改革。此时需要的是新式教育，所以卢梭也谈论教育问题。

根据卢梭的理论，过去处于**自然状态**下的自然人，享受了充分的自由、平等与独立，所以我们也必须依据自由、平等、独立的社会契约建设国家。《社会契约论》中**基本人权、主权在民、抵抗权、自由与平等**之类的思想，给近代的公民社会带来重大影响。

用智能手机投票，结果一致通过。

卢梭说，**自然人（原始人）**在树下果腹，在附近小河里解渴，他们是幸福的未开化人。在这素朴的自然生活中，除了生理上的不平等，他们并不会感受到社会性的不平等，而能维持完全的自由平等，并且也没有人际关系与社会问题等麻烦。因为在知性上也无进展，故性格平稳，常对他人怀有"**悲天悯人之情**"与"**保护自身安全之心**"，是非常朴素的人群。

然而，某一天有人开始圈地为王，宣称"这里是我的"，于是私有制出现，所以需要他人的劳动力。进而，萌生奴隶制度、贫困、不幸和悖德之事。当欲望和野心受到刺激，进而就会演变成暴力与争夺、支配和反抗不断循环的可怕世界。以卢梭的理论来看，**私有制**正是万恶的根源。

人生而自由，却无所不在枷锁中

《社会契约论》中提到："人生而自由，但现今所到之处，尽是枷锁。"这里写的是现代社会已面目全非，我们该如何回到过去的正常状态。

卢梭的理论提到建立一个优良政府的必要性，它必须能够保障个人自由，建立一个没有服从关系的国家；人类作为自由、平等、独立的主体，必须建构彼此合意，以自由的**社会契约为基础的国家**。若能做到"人与人之间是相互联结的，你只需要服从自己"，平等和自由的社会就能实现。

在新的自由国家，掌握主权的是人民，而政治是依据"**一般意志**"运作的；追求个人利益的个人意志（特殊意志）之总合，就是"**全体意志**"。但这只是各种个别意志的集结而已。以共同利益为目标，并且获得所有人认同的"一般意志"才是理想的。**政府是以主权者——人民的"一般意志"为基础而执政**，所以人民必须时常监督政府的作为。此外，卢梭还主张人民应该能自由地任命与罢免政府官员。

卢梭还否定代议制，他认为全民参政的直接民主制是最理想的。但这在现实层面是有难度的。话虽如此，随着当今网络社会的发达，将来也许有机会直接用智能手机来投票呢！

> **练习思考**
>
> ### 贫富差距是理所当然的吗？
>
> 在如今的社会中，努力就能获得相应的报酬，怠惰的人就两手空空。而且，一件东西要是能变成自己的，人就会更有干劲；假如努力成果被他人夺去，工作就没有意义了。私有制联结着人的生存意愿，因此会有贫富差距是理所当然的。
>
> 要是卢梭，会认为这种想法有问题吗？

提示！

我们是否应该更全面地思考一下，这个社会体制为什么会产生成功者与失败者？

解答解说 努力建构一个人人都能接受的社会？

根据卢梭的看法，以追求个人利益为优先的社会，会产生不平等的现象，必须尊重人人认可的共同意志（一般意志）；疯狂追求利益只会扩大贫富差距，社会不可能变好。此外，随着私有财产的增加，也会担心被夺走；以国家层级来思考，最糟的情况甚至会引发战争。思考造成贫富差距的原因并尽力修正问题，我们有必要重新审视卢梭的理论。

能自我控制，才是真正的自由

康德 Immanuel Kant

道德哲学　理性批判

> 能自我控制，才是真正的自由。

国 德国　说 理性、定言命令　　　1724 年—1804 年
著《纯粹理性批判》《实践理性批判》《判断力批判》

心中呼喊着："你应该这么做！"

理解与不解之间的界线

过分理性，就会发生异常的事，是谓"**二律背反**"。二律背反意指两个看似都正确的主张，结论却正好相反，例如"宇宙有尽头，宇宙没有尽头"和"神存在，神不存在"等等。康德认为，无法亲身体验的事物只能在脑中思考，在不断地反复和空转下，导致答案的分歧。因此，康德阐明人类的认知作用，会在可理解的领域和无法理解的领域画出一条界线，人在认知某件事的时候，会经历以下这样的阶段。首先，通过"**感性**"与对象接触，这个对象通过"**悟性**"（像是整理、归纳之类的能力）而被认知，"**理性**"将此统整后，

建立规范。举例来说，感觉外界有某种东西在动时（感性），便会产生"是猫在叫"或"啊，那是花猫吧"（悟性）的认识。即使后来发现是和花猫略有不同的美国短毛猫或俄罗斯蓝猫，但至少对于"猫"的理解是正确的（能够理解，是因为理性的力量使概念普遍化）。并非直接用相机拍摄猫，而是经由脑中宛如"猫的滤镜"之类的东西，建构正确的认识。因此，根据康德的看法，**客观是主观作用建构而成**，他在思想界掀起了一场哥白尼革命*。

猫在人类的经验范围内，因此能够被理解。但是，宇宙边际、神、死后世界这类问题，就超越了可经验的范围。可

---

* 哥白尼革命：以前认为是人认识外在事物，但自康德开始，外在事物是基于人的认识能力才存在。

是人类无论如何都会思考那些不可经验的事物。根据康德对理性的分类，认为神、灵魂、自由、宇宙尽头、物质的最小单位这些东西，光靠思考是无法得出结论的（即使再努力想也想不明白）。

至此介绍的是康德的著作《纯粹理性批判》中对于认识的讨论（理论理性 = 认识的结构）。

放纵欲望，并非活得更自由？

接着，康德在其著作《实践理性批判》里，展开了对压抑欲望之理性（**实践理性**）的讨论。通常我们会认为，能自在地满足欲望就是"自由"，但康德所说的"自由"，却是要能自我控制。来看"**若 A 就 B**"（**假言命令**）这个概念吧！"假如要减肥，就不能吃过量"这种有附加条件的命令，力量是很微弱的。但"**无条件地行使 B**"（**定言命令**），如"就是不准吃过量"（生活务必要规律）这个命令传递到大脑里面，能自我节制的话，才是真正的"自由"（因为可自由调节热量）。换句话说，**人类要能不受自身欲望的左右，行使符合道德命令（定言命令）的行为，才能获得真正的自由**。所谓道德自由（自律），就是不受任何权威与他律的拘束，自行规定如何实践生活，而这正是人类尊严的所在。人总是被物理法则五花大绑，就某个程度上来说是不自由的，只有每次在内心听到"你应该这么做"这种超越物理法则的道德呼喊时，才会真正得到自由。

> **练习思考**
>
> ### 90分钟，烧肉吃到饱真是过瘾！
>
> 我们家最爱烧肉吃到饱了，那根本是在和时间对战，不火速狂吃怎么行？而且，一定要在饱腹中枢受到刺激之前多塞一点，否则很容易就会吃不下了！甜点也是吃到饱，所以还要留点肚子给它。牛腹胸肉、牛舌、牛五花等部位，全都任君选择，实在太棒了，好自由！
>
> 若从康德哲学来看，这个人哪里有问题？

💡 **提示！**

一般都认为，欲望得到满足就是自由，其实被欲望控制才不自由呢！

解答解说 学会自我掌控

肚子饿了所以想吃很多，这就是被"若 A 就 B"的假言命令控制了，受欲望支配才不自由。但是，**若能自发性要求自己遵照"你应该无条件地……"，就可翻转成支配欲望的那一方**。遵守"无条件吃八分饱"的道德命令，便可自律地生活，有点像运动后的充实感。搞不好，康德的哲学思想还能用来减肥呢！

因为有矛盾，才能趋近真实

黑格尔 Georg Wilhelm Friedrich Hegel
德国观念论

> 因为有矛盾，才能趋近真实。

国 德国　说 辩证法、历史哲学　　1770 年—1831 年
著《精神现象学》

"辩证法"让你万事有解

因为有障碍才能向前迈进

　　黑格尔并不认为出问题是坏事，从宇宙的结构来看，问题是必然会发生的；因为被否定，才会发现新方向。对立带来变化，有矛盾才能向前迈进，不好的事只是人生必经过程。

　　像这样，事物在矛盾、对立中向前迈进的宇宙法则，黑格尔称之为"**辩证法**"。往前迈进和发生矛盾是成双成对的，遇到障碍是往更高处攀升的必经之路。根据他的理论，辩证法让人类有能力掌握思考模式，理解世界存在的一切方式。辩证法的公式说明如下：①**安定的阶段（正/自在）**；

②**暴露矛盾的阶段（反／自为）**；③**矛盾解除、向上提升、状况保持的阶段（合／自在并自为）**。例如①松软的肌肉（正／自在）会因为在②健身俱乐部重训（反／自为）而③变得结实有力（合／自在自为）。另外，①觉得目前的成绩不佳（正／自在），②于是辛苦地准备考试（反／自为），③成绩终于进步了（合／自在自为）。感冒是身体的免疫系统在抵抗，这是辩证法的运作；父亲工作能力不佳被上司破口大骂，也是一种辩证法。

就这样，辩证法存在于世上各个角落，假如遇到每个困难都介意，便会觉得很苦恼。但若能站在俯瞰的角度，就会发现整体都是按照法则顺利进行着。

进一步来说，学习黑格尔哲学，认知便会以辩证的方式向上提升，最终了解一切，这个状态被称为"达到绝对的知"：那是神的全知智慧，因此自身也能达到神（绝对精神）的境界。也就代表人类原是尚未苏醒的神，只要努力学习，就能成为"觉悟"的神。以上的突发奇想，只是我个人在此的补充……

让历史往好的方向发展的法则

人会想要将自己的内在表现于外（例如发明或设计等），那些表现方式也采取了辩证的模式。宇宙似乎也偏好自我表现，于是发展成可见的"历史"。历史也是以辩证的方式往前迈进：①原本安定的时代；②突然有矛盾冲击；③瞬间进入崭新的时代。历史是为了**实现自由**才发展而成的，顺序是"古东方→古希腊→日耳曼世界"。一开始，只有国王拥有自由，后来越来越多的人变自由了，就像日本江户时代的士农工商的阶级渐渐消弭，变成四民平等的社会，民主主义进而发展……黑格尔的观念是**"理性支配历史"**，纵然历史有许多负面要素，但仍会以辩证的模式回归完美的状态。**黑格尔是一位阐明历史自有其法则的哲学家**，他伟大的哲学思想发展成极致之美，后来得到各种不同的诠释，遂发展成现代哲学。

练习思考

> **切莫对新产品趋之若鹜……**

我觉得人不能被不断推陈出新的个人电脑或智能手机吸引，功能越变越复杂，问题也层出不穷。新产品持续上市，过去的东西都不能用了，感觉好像欺诈！有问题要解决时也联系不上电脑服务中心，我绝不会再买新型平板电脑之类的东西了！

从黑格尔的观念来看，这个人哪里怪怪的？若从康德哲学来看，这个人哪里有问题？

提示！

发生矛盾，解决问题，然后又往前迈进，这就是宇宙法则。只要有这个法则的存在，新产品就会持续不断上市，所以只能接受不是吗？

解答解说 人生不可能没有矛盾

人类为什么不可以不学习？这实在是个有意义的问题。在原始人阶段，只要活得下去就行了。但宇宙法则并不允许如此，原本安定的阶段产生矛盾，就会向更高阶的层次突进，世上没人可以逃脱这个模式，所以不求进步就是退步。未来的世界，"知识"更会加速奔驰，新产品源源不断地被开发，我们必须理解：生存就是辩证法，快拿起使用说明书，跟上来吧！

不觉悟，人生就只有苦恼
叔本华 Arthur Schopenhauer
德国观念论

> 只有这个方法能超越人生的痛苦。

国 德国　说 生存的意志　　　　1788年—1860年
著 《作为意志和表象的世界》

人生除了痛苦，什么都不是

人类被形容成"想要……"的动物

　　叔本华认为世界深处存在着"想要活下去"的根本"意志"，它存在于我们的感觉无法捕捉的地方，但是五官就容易感受出来。举例来说，"眼睛"是"想看"的意志被现象化（客观化）后的结果；因为"想闻"的意志而产生"鼻子"；而"想吃"变成"嘴巴"；"想走"变为"脚"。

　　这是以人体为例。若观察其他一切动植物，也会发现都是基于"想要……"的意志，具象化表现出来的。植物张开叶片，是想要进行光合作用；蜘蛛结网，是为了捕捉猎物；猫的胡须是感应器，能让它在狭窄的地方也很安全。于是我

们了解到：所有的生命都有意志，并会具象为各自的生命形态。然而，从这里开始，叔本华却进入了晦暗的话题。

他说，这是为了"**求生的盲目意志**"，生物只是为了活而活，缺乏任何目的或目标。动物这样也就算了，偏偏人也是如此，那就麻烦了。只为求生而活的人生，一点意义也没有；这样的人生，只为满足无限衍生的欲望。进而，当世上的欲望彼此碰撞，就会发生斗争、战争。

意志是无限饥渴的存在，但现象界（现实）却是某种物理性的有限度的世界，因此欲望永远无法得到真正的满足。假如想追求的东西无止境，而最终什么也得不到，那么人生的本质就是苦恼，一切努力终归是徒劳。

唯有进入觉悟的境界？

叔本华是德国人，却喜好印度哲学，所以他提出的解决方法是印度式的觉悟。所有的个体（人类、动植物与其他物质）都是欲望的意志表现，消除意志，便能从痛苦中解脱。

首先，要重视"同情"，目睹素不相识者的痛苦时，立刻产生的情感称为"同情"，是一种认同他者求生意志的情感。这是一种舍弃利己主义，转而采取"利他主义"的态度，如此痛苦便可稍微缓解。他还进一步提出音乐、绘画等艺术具有舒缓痛苦的疗效。

话虽如此，根据叔本华的理念，这些方法与镇静剂无异，不是根本的解决之道。若想彻底解决，只有否定意志才行。**他认为唯有否定生存的意志，也就是"禁欲"，才是痛苦的解脱之道。**

中止你的意志，时时自我警戒"不可执着"，并在内心深处确认自己对一切事物无感。据说通过禁欲之苦，方能臻至解脱之境，一般认为这种说法很接近佛教的涅槃。

> **练习思考**
>
> **要等到何时才能幸福？**
>
> 今天是期待已久的礼拜天。但到了傍晚时分，当电视节目的主题曲开始播放后，我就开始忧郁了，明天又得去上班了，放假前明明那么雀跃的……为何快乐的时光总是这样短暂呢？不过，永远幸福的时光，总有一天会来吧！嗯，就这样继续努力，直到下次放假吧！
>
> 就叔本华哲学来看，这种观念的谬误何在？

提示！

欲望是无限的，满足了一个，下一个又接着来，要如何斩断无限连锁的欲望呢？

解答解说 要有"人生是苦恼的连锁"的觉悟

哪有总有一天人生会变轻松这种事，只有死掉那一天吧。别傻了！人生就是"想要……"的循环，满足了一个欲望，就一定会产生下一个，所以人是永远无法满足的，就算能，也不过是一瞬间而已。既然如此，一开始就不要期待太高比较好，要觉悟人生有如无限循环的痛苦地狱，如此一来，心情反而会比较愉快，会开始懂得节省，不再焦躁。将悲观主义发展到极致，反而能就此解脱，人生也会变得幸福，那么，不如享受痛苦吧！

Q 每个人的"观念"都不一样，不是吗？

A "因人而异"这件事本身就是哲学（称为相对主义），有人会说："每个人都有自己的意见，不要强迫大家接受单一观念，我就是我！"但这样又会出现漠视社会规范的人。因此又要补充："但还是要遵守共同法则喔！"但这么一来，又是在强迫人们接受单一想法……

此外，因为说出"每个人的想法都不一样"的那位，也属于众多不一样的人之一，于是便又反思："我既然说'每个人的想法都不一样'，那就不能不认同'想法只有一个'这种意见也是成立的了。咦？但这样下去，不就没完没了了吗？"于是讨论会变得像上面这样，很麻烦，所以还是不要斩钉截铁地说"每个人的想法都不一样"比较好。

Chapter 3
现代①：存在主义、现象学、社会主义

边沁（Jeremy Bentham）

密尔（John Stuart Mill）

詹姆斯（William James）

杜威（John Dewey）

马克思（Karl Heinrich Marx）

克尔凯郭尔（Soren Aabye Kierkegaard）

尼采（Friedrich Wilhelm Nietzsche）

胡塞尔（Edmund Gustav Albrecht Husserl）

海德格尔（Martin Heidegger）

雅斯贝尔斯（Karl Theodor Jaspers）

萨特（Jean-Paul Sartre）

梅洛-庞蒂（Maurice Merleau-Ponty）

列维纳斯（Emmanuel Lévinas）

阿兰（Alain）

人是追求快乐、逃避痛苦的动物

边沁 Jeremy Bentham

量的效益主义

> 计算快乐的量，能达到最大量就是最好。

国 英国　说 效益主义　　　　　　1748年—1832年
著 《道德与立法原理导论》

如何谋求最大多数者的最大幸福？

人是追求快乐、逃避痛苦的动物

边沁主张"自然把人类置于快乐与痛苦这两种境遇支配之下"，这代表当我们做决定时，其实只是在决定快乐和痛苦。确实如此，人类的行动基本上都以**追求快乐、逃避痛苦**为基准。

他进一步将幸福与善德，不幸与悖德结合，所以追求快乐，避免痛苦，会成为道德善恶的基准。在结果发生前，并无事先规范行为的理性原理与自然法则（结果论），这种说法也彻底颠覆了过去的哲学理念（英国哲学的倾向与德国哲学的动机论等概念相反）。

边沁哲学主要适用于个人行动，但也可应用在社会政策上，刑罚之苦带来的恐惧对于遏止犯罪特别有效。当然也有试图引起当事人内心反省的制裁（如宗教制裁或道德制裁），**但边沁重视的是施予刑罚之苦的法律制裁**。为了抑制有害行为，必须抵消有害行为所带来的快感，因此施予痛苦刑罚的法律体系是有其必要的。

量化快乐的程度，能使社会变得更好

边沁把社会视为个人的集合体，认为若能尽量增加个人的幸福感，社会也会跟着变好。因此，他想出"七个基准"来量化快乐的最大程度，称之为**快乐计算**，可区分如下。

①强度：快感有多强烈？

②**延续性**：可持续多久？
③**确切与否**：感觉有多确实？
④**远近度**：能以多快速度获得？
⑤**衍伸性**：可带出多少其他的快乐？
⑥**纯粹性**：快乐中是否包含痛苦？
⑦**范围**：能够影响多少人？

例如，若要在某地盖购物商场，固然能带给人们乐趣，但当地长久以来的商业街却将蒙受其害。此外，要是能立刻兴建还好，万一拖个五十年（对啦，这是极端之例）才能完工，那就是负的了，而且还必须考虑地点等条件问题。应该在计算之后，以"**最大多数者的最大幸福**"为目标。

在下判断时，我们有时会选择重视事物本身的价值，或是行为产生的结果。以目的为优先的思想是"动机主义"，相反地，像效益主义那样，以结果为优先的思想则被称为"**归结主义**"。

康德（参照第92页）是动机主义者，但若经常遵循定言命令，行动容易流于形式。另一方面，归结主义能以数字量化来确认实际效益，故具有具体、实际的优点。不过，也有人持不同见解，认为以数据来判断幸福，就失去了人的味道。

即便如此，在实际解决社会问题时，功利主义作为现实主义的改革原理，确实有其方便之处，所以对我们的生活影响很大。日本从明治维新开始，就引进效益主义的精神，致力于"富国强兵"。

> **练习思考**
>
> **该为了少数人而牺牲多数人的利益吗？**
>
> 起点站的公车准备发车了，一个老人奋力朝着公车站跑过来，司机却在老人上车前关上了门。公车准时出发了，但老人看起来很难过，呆呆地站在站牌前。真是太过分了，等他一下会怎样？若以边沁理论来看，此人想法哪里有问题？

提示！

为了不让大众困扰，某种程度的牺牲，或许也无可厚非……

解答解说　不可能让所有人都满足！

根据边沁的效益主义，司机的行为是正确的。**效益主义重视效益的最大化，是以"最大多数者的最大幸福"为目标**。假如为了等老人上车而未能准时发车，就会造成班次延误，让公司整体的效益降低，而大多数乘客的"苦"就会增加。效益主义追求"最大多数者的最大幸福"，并不是让所有人享有均等的幸福，因此，即便牺牲少数人的利益，也要让社会整体的快乐最大化，这就是效益主义的思考。

努力向高品质的快乐迈进

密尔 John Stuart Mill

质的效益主义

> 快乐也有不同种类，努力向高品质的快乐迈进吧！

国 英国　说 质的快乐、自由论　1806年—1873年
著 《论自由》

量化快乐，不行吗？

追求高品质的快乐

对边沁的效益主义提出批评，并进一步发展的是约翰·斯图尔特·密尔，密尔继承了边沁"最大多数者的最大幸福"的理论，但他对**快乐的品质差异**，有自己的一套看法。

"快乐计算"并不将动机列入计算范围，是在怎样的心情下进行的行为也不受评价，只重视结果，只要能增进快乐就被视为善。对此，密尔表示质疑，他认为快乐也有高尚与低级之别，因无限畅饮、任君吃饱所得到的快乐，和因文学、戏剧之美而感动流泪的喜悦是可以做比较的。以快乐的

程度来看，或许两者相同，而且或许有人把吃喝到饱的快乐看得比较重要。

但密尔认为快乐的品质是很重要的，他提倡："与其做一只满足的猪，不如当个不满足的人；宁愿做痛苦的苏格拉底，也不愿当快乐的蠢蛋。"（《功利主义》）虽然猪没有人的烦恼，我们还是不愿意当猪，所以我们可以说人类是一种追求高级快乐的存在吧！

密尔更认为，**增进高品质的快乐，能够实现效益主义的成果**；假如所有人都**追求高品质的幸福，那么理想的社会就会诞生**。话虽如此，个人的幸福（快乐）与社会的幸福（快乐）不见得总是一致的，所以必须用自制力来克服**利己心**，以扩大**利他主义**。有时候，个人必须为了社会的整体幸福而牺牲自身利益，密尔说："真正的快乐、幸福是奉献。"

再愚蠢的事，人都有选择的自由

呼吁民众追求高级快乐的密尔，对于人类自由的主张却相当先进。密尔认同个性的最高价值，并认为应对个人思想与行为赋予自由判断的权利，将社会限制压低到最低限度。只要不危害他人，人对于自身的生命、身体、财产，都拥有充分自由。**即便在他人看来愚不可及，若当事人自己愿意，就有选择的自由**。例如，万圣节时着奇装异服，假扮浑身是血地走在街头，只要不造成他人困扰，就有选择的自由（或许并非什么高尚的快乐啦）。

所以人类基于兴趣、嗜好、主义、信条的行为，在不妨碍他人的范围内都随个人高兴。密尔想说的是，社会对个人行使的权力是有限的，干涉个人自由，唯有在防止当事者危害他人时才被允许（危害防止原理）。在这个理念下，奠定了思想和良心、言论和出版、结社和职业的自由基础。不过，也有人批判这样的主张与效益主义的原理是矛盾的。

> 练习思考

现在的年轻人啊，莫名其妙的行为一大堆

现在的年轻人很喜欢奇装异服，也有穿舌环，搞刺青的。拜托，睫毛太长了！还戴什么瞳孔放大片！甚至有人跑去整形！另外，一些年轻人的用语也令人受不了！应该要多限制一下他们的自由才对。

要是密尔，会觉得这位大叔哪里有问题？

提示！

无论行为看来多么愚蠢，都应站在自由主义的立场，认同每个人拥有的自由。

解答解说 只要不造成他人麻烦，要做什么都可以

密尔认为：个性的发展，思想与兴趣的多样化，并保障这些自由，能够多方冲击、刺激人类智能，成为个人精神、道德进步的原动力。意思是说，越自由越能多方交换意见，社会才能更进步。因此，只要与自身相关的思想、兴趣、行为等，要怎样选择都任君喜好，只要不危害他人就好。现在的年轻人"我又没妨碍别人，有什么不可以"的主张，就是以自由论为基础的思想。（但也有人反对，表示密尔提倡的质的效益主义与自由论是相互矛盾的。）

只要结果是好的，就万事 OK
詹姆斯 William James
实用主义

> 有实际的效果就是真理，快行动吧！

国 美国　　**说** 实际效果、信念　　1842年—1910年
著《实用主义》《信仰的意志》

只要有结果，就是正确的

有效果，一切都是真的！

　　实用主义的创始者詹姆斯认为，要使某种概念简明易懂，只要把焦点放在"**实际效果**"上即可。例如，想了解"硬"的概念，抓一抓、敲一敲就会知道。但发展实用主义的詹姆斯认为："实际效果"也包含情绪反应，他也把"**因自己信以为真所得到的诸种结果**"视为实际效果。根据皮尔士[*]的理论，假如说"钻石是硬的"，那么"即使拿刀切，钻石也不会损伤"，就是"硬的"概念具有实际的效果。

[*] 皮尔士：Charles Sanders Peirce（1839年—1914年），美国实用主义奠基者。

但是，当我们说"带着这个护身符，工作就会顺利"时，后来所得到的顺利结果，只是相信该命题者的个人体验，一般会被认为是错觉，不过詹姆斯说不是错觉，是真理。他的实用主义理论认为：因为相信某个观念而得到的各种结果，是判断观念正确与否的基准。所以，相信"带着护身符，工作就会顺利"，后来确实也很"顺利"的话，这个命题对当事者来说就不是错觉，而应判定为"真"。

詹姆斯说："宗教观念若明显对具体生活有价值，**假如对某类型的人传教确可使其得到安慰，该观念'在那个特定情境'下，便应视为真。**"詹姆斯认为，我们不能说有宗教信仰的人是错觉，因为他们确实得到实际效果，才会信以为"真"。

因此对当事者来说，该宗教有其实在性（确实存在之意），当然，按照这个说法，或许每个人得到的结论都会不同吧！不过詹姆斯对此抱持肯定的态度，这观念被称为"多元论世界"。

只要结果是好的，就万事 OK

如果有人问"现在几点"，结果对方回答的是我住在"××市××区×丁目"，那么即使这个地址正确无误，但作为"现在几点"的回答，并无法产生效用，所以不是真理。

但即便是无法检视的观念，**只要对相信的人来说"有益处""有效用"，是能"满足"当事人的观念，那就是正确的。** 比如，登山途中迷了路，来到一个明知危险也必须一跃而下的悬崖时，认为不会有事而跳下去，和觉得完蛋了但不得不跳这两种观念，用詹姆斯的理论来看，结果是截然不同的。

确实如此，体育赛事时有人高呼"必胜"，那么即使后来比赛输了，大家也不会批评他说谎。那么在相信某事的前提下实践了某个行动，只要产生实际的效果就可视为真理，无须沮丧苦恼。对自己说"一定可以"，到后来也没有必要自我否定，感叹"只是一厢情愿而已"，因为只要产生了实际效果，就是正确的。

练习思考

占卜节目是真的吗？

有同事对占卜深信不疑，习惯看完晨间的占卜节目再出门上班。什么"今天金牛座运势最好，幸运色是红色，吉祥物是牛"，所以今天就穿红色衣服上班，中午吃牛肉盖饭！真是蠢，只是迷信吧！另外，还有人手上戴幸运石。拜托，根本没用！根据詹姆斯哲学来看，此人的想法哪里不合理？

提示！

"真理"并非客观存在于某处，而是要用结果来判定。

解答解说 相信什么，去做就对了！

古典哲学认为，即使离开了人，客观的真理也独立存在（理型论等）。但到了近代后半叶，真理观发生了改变，出现了把当事者内心的真实称为真理，最具代表性的就是实用主义。从科学角度来看，并没有因果关系能说明随身带着网购的黄色长钱夹就能赚大钱（参见83页）。但若对此深信不疑，工作效率提升，最后确实也有效果的话，就可判定为真理。所以黄色长钱夹是通往财富之道，你要不要也试试看呢？

知识与思考都只是工具，结果才有价值
杜威 John Dewey
实用主义

> 有的哲学有用，有的没有用，所以要交替使用。

国 美国　说 工具主义、民主主义教育　1859 年—1952 年
著《哲学的改造》《民主主义与教育》

知识与思考都只是工具，结果才是价值所在

生活中也使用着名为"思想"的工具

　　杜威哲学是与日常生活紧密相关的"<u>探索的逻辑</u>"。假设我们在林中散步，人会依照"习惯"前进，后来发现有条沟渠挡住了去路，必须从这里跳过去（思考、计划）。目测（观察）那条沟还挺宽的，对面的河堤看起来又很滑（事实、已知条件"数据"），于是，应该会想有没有比较窄一点的地方，然后开始找（观念）。

　　为了观察水流状态（观念的确认），就开始检查上下游的状况（观察），结果发现了圆木（事实），于是就想，可否把圆木架在沟渠之上当作桥梁（观念）。最后，就把圆木搬

过来当作桥使用（通过行动的检验）。

杜威认为，一切思考从问题到解决都会经历上述过程，可归纳为①**思考**，②**问题设定**，③**假设设定**，④**推理**，⑤**通过行动检验假设**。在探究的过程中，会用到各种想法，但这些都只是工具，**想法的价值在于使用结果的有效性**。就这样，想法会将状况做知性的重构，与未来的行动产生关联。因此，人类的知识与逻辑都是解决问题的假设，也因为只是假设，所以会被取代或替换。知识和逻辑就像铁锤和螺丝刀之类的工具，故称其为**工具主义**（instrumentalism，观念工具论）。

教育，以"学习如何解决问题"为目标

杜威也把实验性方法应用于"价值判断"。当我们说某个东西或行为是有价值的，是受人喜爱的，是符合期待的，是让人满意的，这些"价值判断"的说法也是一种预测。

因此，价值判断的正确性，也必须通过实验来检视能否获得预期的结果。例如，原本认为"施舍是好事"的价值判断，若实践之后会造成对方无心工作的结果，那么反而变成了一个错误。所以在判断事情的对错时，也必须考量实际效果。杜威认为，哲学家应该对照事情的结果，反复思量社会认可的各种价值或理想，同时也有责任去解决过程中所产生的抗争，并提示新的可能性。

杜威哲学的宗旨是通过改造人，进而改善社会，所以把这个观念应用在教育上，就是教育并非老师单方面施教，也是一种需要学习者"从中学习"的实践形态。学校是"小型社会"，上课时要"学习如何解决问题"，理想的情况是运用多元价值观进行辩论。

练习思考

> 真理应该只有一个才对……

我认为人必须有自己的理念和主张,父母和老师都说:一旦决定的事就必须坚持到底。而且,我记得在哪里听过"真理只有一个"这样的话,所以我们应该学习正确的事,并且共同遵守。

这个孩子的想法,若从杜威的角度来看,哪里有错?

提示!

人生就是学习解决问题的过程,所以如果当下信奉的价值观行不通了,就该改变。

解答解说 人,欠缺转换立场思考的特质

社会上大多数的人都认为,想法变来变去的人不可靠。当然,遵守约定很重要,但若想法有误时,应该改变才对。辩论会上暂且不管自身立场如何,各自站在反方位置,改变原先的观点,有时反而会有新发现。不管是真理只有一个,还是一旦相信的事就必须坚持到底,上述想法都没有错,但是"改变思考",才能更接近问题的解决之道。

历史会以固定的轨迹前进

马克思 Karl Heinrich Marx

共产主义　唯物论

> 名为"历史发展的目标是共产主义社会"的剧本。

国 德国　说 历史唯物论　　　1818年—1883年
著《资本论》

历史会以固定的轨迹前进

所有的劳动都是自我实现

18世纪英国发生工业革命，到了19世纪后半叶，资本家与劳动者的差距越来越大。因此，马克思分析<u>资本主义社会</u>，借以解决社会贫富不均的问题。根据他的观点，资本主义社会的产物是商品，劳动力被商品化了。劳工与自身的劳动成果被切割开来，因此产生异化感：自己并非真正的自己，而且劳工生产的物品为资本家拥有，生产意愿更加低落。

<u>原本人类就希望自己能在得到他人认同的条件下工作</u>，例如自己做的个性化鞋子，就是一种自我表现。但在资本主义社会，劳动者完全被忽略，人们只是一味地制造着匿名产

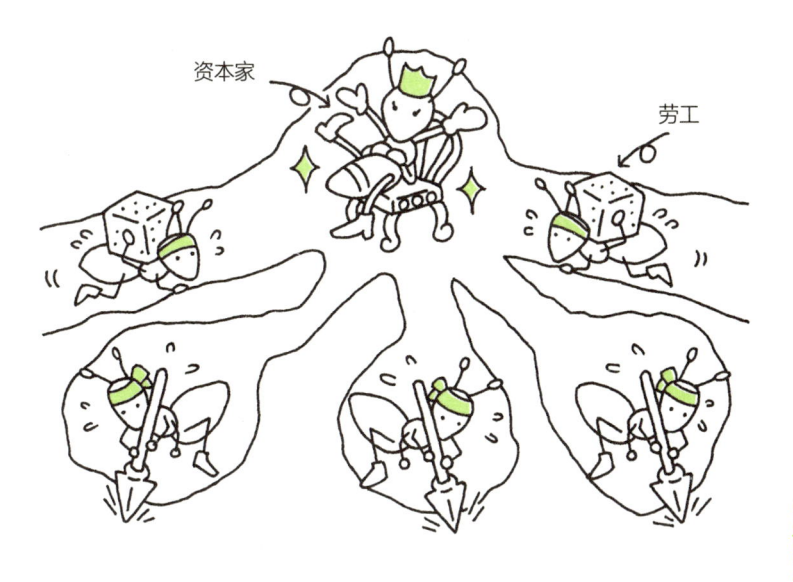

物（例如负责贴鞋子标签，自己的名字与产品就无人知晓，因此没有生产意愿）。

所谓劳动，原本应该是一种自我实现，但在资本主义社会，却变得只是机械化的一部分，所以虚无感（**劳动的异化**）就此产生，另外也会发生劳务费用不给付的情况（**剥削剩余价值**）。

再者，资本主义世界里的人际关系被扭曲了，物与物的关系变为重点。人类一厢情愿地认定商品本身具有普遍价值（**拜物化**），货币也被视为万能的而受到人们的崇拜。马克思认为，我们必须对这个丧失人类劳动本质、以物质为优先的资本主义社会做出改变。

历史会跟着剧本发展演进！

黑格尔以辩证法（观念论的辩证法）来说明历史法则（参照第96页），马克思则把这个观念切换成唯物论，提出了更具体的历史法则（**唯物论辩证法、历史唯物论**）。

世界是由以经济为基础的"**下层结构**"和法律、政治制度（意识形态）等"**上层结构**"相互构成的。但是，明明生产力时常在变化，生产关系（资方与劳方）却很难动摇，因此不加薪而工作增加，劳动力与财富都被资本家榨取了。

说得简单一点，就是黑心企业，于是矛盾产生，生气的劳工开始暴动，要打倒资本家。资本主义便会往下一个阶段发展，也就是社会主义。马克思说资本主义演变为社会主义，是必然的结果，而社会的发展会历经以下五个阶段：

①**原始共产制度**。自然经济，不存在阶级制度。

②**古代奴隶制度**。生产经济，因财富累积而产生阶级，开始奴役。

③**封建制度**。支配阶级向农奴收取生产物——地租，商品开始流通。

④**资本主义制度**。以资本的累积为基础，发展产业资本的自由竞争。因恐慌造成资本集中，寻求海外市场，进而发展帝国主义。

⑤**社会主义制度**。经济由人民管理，有计划性地运营。

马克思相信社会的发展会按照以上的剧本进行，在资本主义崩坏后的社会主义中，劳工将不再被剥削，能依其劳动力获取相应的报酬，最终就能实现天堂般的**共产主义社会**。

> **练习思考**
>
> **每个人工作都是为了钱吧？**
>
> 我靠贷款买车、买房，用信用卡买衣服，偶尔还会向银行申请信用贷款。唉，真的是捉襟见肘了！我很讨厌工作，要是能中乐透，肯定马上就辞职，毕竟工作都是为了钱嘛！哈，大家不是都一样吗？
>
> 依马克思哲学来看，这个人的想法哪里有问题？

提示！

自我实现是人生存的意义，工作是为了实现自我……

解答解说 马克思主义有用吗？

1991年苏联解体后，马克思主义就退烧了。但资本主义也要反省，马克思主义也值得重新省思。现在已经不再有人相信历史有剧本这种说法了，但马克思主义仍有许多值得学习之处，特别是当你只把工作视为赚钱手段时，就会常常想放假，一下班就想立刻闪人。或者，会认为没有加班费的工作很吃亏，倘若**把工作视为一种自我实现的方式，应该会比较有干劲吧！** 黑格尔和马克思等人的辩证法，至今仍是有用的哲学。

什么是我能为它而死的真理？

克尔凯郭尔 Soren Aabye Kierkegaard

存在主义

> 寻找自己内心认同的真实！

[国] 丹麦　[说] 主观真理、绝望　　1813 年—1855 年
[著]《致死的疾病》《非此即彼》

什么是我能为它而死的真理？

绝望就是人生

　　似乎很多人都有"克尔凯郭尔的哲学不好懂"的印象，那是因为教科书上的内容，很多都是"在神的面前，烦恼要这个还是那个"，或者"神面前站着的，只是一个**单独的个体**"这类与基督教相关的内容，因此很多人不懂"他到底在烦恼什么"。克尔凯郭尔认为，人在神的庇护下，能得到心灵的安歇，但一离开神就会感到孤独、不安、**绝望**。还是有人无法理解，为什么非基督教不可？佛教不行吗？

　　克尔凯郭尔的杰出之处是在黑格尔那种从宇宙俯瞰世界整体的哲学观（追求**客观真理的哲学**）蔚为主流时，他探

讨的却是人内在的不安和苦恼（追求**主观真理的哲学**），所以算是崭新的哲学观，在思想史上有划时代的意义。在那之前，很少有人把不安、烦恼等视为重要的人生课题，因此他的出现带来相当大的冲击。

此外，也不是说非基督教不可，只是因为深陷苦恼的克尔凯郭尔刚好是基督徒，所以我们可以从"开始思考人类各种苦恼的第一人"这个角度来看待他。根据他的观点，人有时会迷失自我、会自以为是、会自暴自弃，甚至绝望，对人类来说，绝望是一种"**致死的疾病**"。但这并不是指，人真的因绝望而死掉，而是长期处于一种绝望却死也死不了的痛苦状态。在绝望中憎恨自己，对自己的悲惨充满厌憎，最后就自我放逐。

不过不要紧，克尔凯郭尔说绝望这种病是人类独有的，没有这种病的比较不幸。话虽如此，既然是病，还是得对症下药才行，究竟该怎么做呢？他认为，若能**把绝望视为一个好机会，将自己推往更高层次的自我意识就可以了**。

也就是说，人只要历经"**非此即彼**"的选择，就会快速成长，"非此即彼"是从**美学的存在**往伦理的存在飞跃之意。第一阶段的美学存在，意指全身浸淫在快乐之中的生活方式，也就是为了享受快乐，不断追求变化。

但是，美学存在的人生，总有一天会因为再也无法满足而绝望，于是就要往第二阶段迈进，那是**伦理的存在**。这时，人会以身为家庭和社会的一分子而努力，不过即便再努力，绝望仍会袭来。

于是，克尔凯郭尔建议往宗教性的存在飞跃，这是第三阶段，就是用理性来看不甚合理的基督教真理。真正的基督徒，站在自身原罪的意识基础上，以一个最纯粹的"单独的个人"的身份伫立在神面前。当然，我们不见得一定要这样做（只要追求内心的真理即可），面对生命的不合理，思考如何解除烦恼的哲学，就是"**存在主义**"。

> **练习思考**
>
> ### 能一直单身最好
>
> 结婚真的很麻烦！还是一直单身比较好，又自由也不用烦恼钱的事。我真的不适合婚姻，我只想管好自己的事，开心过日子就好。烦恼？没有啊！什么少子化、社会责任的，才不关我的事！开心最重要！
>
> 从克尔凯郭尔哲学来看，这个人的想法没问题吗？

提示！

能持续享乐当然很好，但万一哪天行不通了就惨了，但结婚也很累……

解答解说 要单身，还是要结婚？

克尔凯郭尔曾和一位叫雷吉娜的女性订婚，因为他想当牧师，建立一个有责任感的家庭。但是，某一天他突然悔婚了，原因众说纷纭，其中之一是他担心自己会让雷吉娜不幸。克尔凯郭尔的《非此即彼》，就被认为是以这个事件为背景所写的，为婚姻而苦恼的哲学。虽然，我们无法论断"那个"就是单身，而"这个"是结婚，但若这样想，应该比较容易理解。要保持美学的存在（单身），还是进入伦理的存在（结婚）？选择权在自己手上。

"上帝已死"

尼采 Friedrich Wilhelm Nietzsche
存在主义

> 人会把自己拥有力量的这个想法，视为"真实"。

国 德国　　说 权力意志、超人　　　　1844年—1900年
著《查拉图斯特拉如是说》《善恶的彼岸》

不要别扭，坦率发挥你的潜能

心怀愤懑就会制造歪理？

人有一种意志，希望自己能比他人更有存在的价值，这是一种自我提升、成长、扩充能力的根本动力，称为"**权力意志**"，也就是想自我实现、往上爬的欲望。

人活着虽然受到这种强烈力量的驱使，但遗憾的是，这种力量却时常受到现实残酷的蹂躏，想爬到更高的境界，可是并不顺利，人生就是一连串的失败。于是，人就会开始想"这不是真的，是这个世界不认同我"。如此就可以逆转价值，隐藏自己的弱点，尼采称为"**愤懑**"。

弱者在现实世界里遭受了不平等待遇，所以对强者心怀

我是超人！

怨恨并试图逆转价值，在想象中获胜。"那家伙很有钱没错，但人生并非只有钱！"这种呼喊，就是一种愤懑！"明明很想要钱，可是却得不到，就大声咆哮。可恶！钱一点儿价值也没有，心灵最重要。"大概就是这种感觉。

如此，呐喊着"这才是真实"的人，会觉得只要这样主张，自己就会变得强大，至于事实是否如此就不得而知，因为他们只是想要这么想而已。所以尼采不问"什么是真实"，他问的是"为何你会这么想"，答案当然是"权力意志"，因为想让自己变得更强大。

就这样，**所谓正确的事（真理），解释因人而异，所以没有这种东西**，尼采称为"<u>虚无主义</u>"。但这并没有好坏之分，只是想认同"有真实存在"的人，曾做过该哲学主张而已。

痛苦的人生，重来几次都可以

尼采将过去的哲学全部重置了，他将根深蒂固的思想连根拔起。例如，柏拉图认为有理型界，是因为他希望如此，之后才去考虑逻辑的问题。尼采认为，黑格尔和马克思等人也一样，只是一厢情愿地认为："这样想心情会好"。

尼采认为真实并不存在，他言简意赅地以一句"**上帝已死**"来表达，"上帝已死"意指最高价值已然失去。长久以来，人类奉为圭臬的真理其实并不存在，这世界是无目的、无意义的。"为了什么"这个问题欠缺答案，虚无主义指出，我们都只是漠然地活着，所以当然没有活力。

于是，尼采开始期待"**超人**"的出现，以取代过往的最高价值，也就是上帝的存在。所谓"超人"，指身受痛苦也决不捏造愤懑的背后世界（亦即欺骗自己世界应该如此），而**能够承受现实之苦，维持坚强自我的人**。尼采接受无限循环的人生（**永恒轮回**），追求热爱自身命运的强人形象。他说："原来这就是人生啊！好，那就再来一次吧！"

练习思考

> **我不能出人头地，都是社会的错**
>
> 真受不了现在的公司，善于讨好客人的年轻业务员讲话总是天花乱坠，所以产品大卖，业绩称冠。但我，诚恳实在地应对，向客户充分说明产品的优缺点。结果，升官发财的都是那些手段高明的人，但明明不该这样……
>
> 根据尼采的理论，这位仁兄失败在哪里？

提示！

"信以为真"的事，只不过是让自己更坚强而已……

解答解说 抱怨个不停，全都是愤懑

认为"自己是对的，别人都是错的"，就会产生很深的愤懑，于是就会抱怨个不停。但若对尼采哲学有些了解和认识，站在虚无主义的立场，就会认识到没有什么事是"正确"的，唯有"赢"的想法才是真理。

如果失败了，就要自我察觉，然后坦率地肯定自己的优点，并下定决心"再试一次"就好了。

叩问内心，真实就会浮现

胡塞尔 Edmund Gustav Albrecht Husserl

现象学

> 叩问你的内心，真实就会浮现。

[国] 奥匈帝国　　[说] 现象学的还原　　1859年—1938年
[著]《现象学的观念》

透过悬置（epoche）来了解真实世界

悬置之后会如何？

假如有人要求你证明"身边的杯子、桌子等东西确实存在，并不是你在做梦或是幻觉"，你该如何回答？这是个相当困难的任务。过去的哲学家曾做过种种思考：世界只是虚拟空间？又或者如外界所示，那些事物确实存在？

胡塞尔对于这些复杂又麻烦的问题，做了妥善的说明，人们普遍认为世界就如同我们看到的那样，确实存在外界，称为"**自然的状态**"。这是一种朴素直接的态度，我们就像相机，看着眼前的杯子和桌子存在自身之外。但这样又会产生"自我的认知与世界的样貌，也许并不一致"（也有可能

悬置

那果汁是哪里产的？

我哪里知道啊……

是幻觉）的疑问。

这很复杂，于是胡塞尔建议我们先把外界世界是否确实存在，抑或只是虚拟空间之类的问题暂时**悬置**（epoche）。意思就是，==要我们对原本深信不疑，觉得"明明就在那里啊"的想法有所保留，怀疑那可能是错觉，保险起见，还是先"放入括弧"比较好。==

不要坚持"确实存在着外界"，而应专注地观察自我意识的流动，"虽然我不知道它是真的还是幻觉，但至少可以确定的是我正在看……"举例来说，"晚上在路上看见的，以为是幽灵，但其实是柳树"，此时"幽灵"的判断和"柳树"的事实之间产生认知上的错觉。

这类误解在人生中不断地出现，但假如能先悬置，那么至少当时以为是"幽灵"的看法并没有错，即使之后发现是"柳树"，那样也不算错误。所以，==先不管主观是否说对客观事实，只要关注自我意识的流动就好==，如此一来，思考内涵绝对不会有误。胡塞尔认为，接下来才能开始建立严谨的学问体系，这样的意识操作称为"==现象学的还原=="。

做了现象学还原，就会豁然开朗

当然，虽说世界被"还原"了，但并不意味着世界的存在被否定或消失，还原后，原本被视为外界实物的杯子和桌子等物品，就会变成==意识发展上的存在==。就像舞台从物质世界转为意识世界一样，胡塞尔对意识的形态做了各种分析，若仔细观察，就会发现人会对出现在意识上的事物赋予意义，例如一看到笔，我们就会定义"这是书写工具"。

胡塞尔将"笔、桌子、杯子、笔记本"等的对象命名为"==所思／意识对象（noema）=="，而把思考作用称为"==能思／意识行为（noesis）=="。过去，我们都在内心下定义，确认事物的真实性。但接触现象学后，凡是眼睛所见、耳朵所闻，全都变成哲学思索的对象了，这真是一门自我叩问的哲学。

现象学对海德格尔、萨特等20世纪具有代表性的哲学家有着很大的影响。

> **练习思考**
>
> **说什么没常识的话呀?**
>
> 哲学家总是语焉不详!对外在世界的认识正确与否,应该用脑科学来解释吧!杯子、桌子等物质就确实存在在那里,大脑直接意识到它们了啊!不用多想世界是什么样子了吧。
>
> 依据胡塞尔理论,此人的荒谬之处在哪里?

💡 **提示!**

脑科学的理解是正确的,但也能从意识方面做反思。

解答解说 让大脑的存在也"悬置"一下

只要满足于脑科学家告诉我们的事就好了,因为我们又看不见自己的大脑。然而,现象学是一种能将眼前所见的汽车、建筑、马克杯、窗帘等作为材料,从内侧探求意识流动的哲学。让我们的大脑也暂时悬置一下吧!现在就可以开始这种思考法,而且又不花一毛钱,真是好处多多。暂时悬置常识性的想法,仔细观察就会察觉只有自己才看得见的内心活动,如此就会发现一个全新的自己。具体方法会在介绍海德格尔等人的哲学时做说明。

"向死而生"

海德格尔 Martin Heidegger

现象学　存在论

> 要怎样在还活着的时候，就了解死亡？

国 德国　说 存在论、死　　　　　1889年—1976年
著 《存在与时间》

我的"死"和他人的"死"不同

人生的最终目标是死亡？

　　当我们达成某项目标时会说"成功了"，从而感到很满足。但是，目标并非到此结束，因为下一个需要克服的问题又来了，所以至少无法在活着的时候就得到最终的成就感吧？那要何时才能达成呢？那就是人生的最后。所谓最后，就是"死亡"，也就是说，**人生的目标就是死亡**，要到那时人生才算完成，找回"真正的自我（<u>本性</u>）"。

　　所以"临死前很重要喽"？其实不然，因为临死前还是活着的。那意思是说，死后会想"死了！达标！"吗？当然也不可能，因为死了就没有"我"了。人类是无法体验死亡

原来存在就是时间

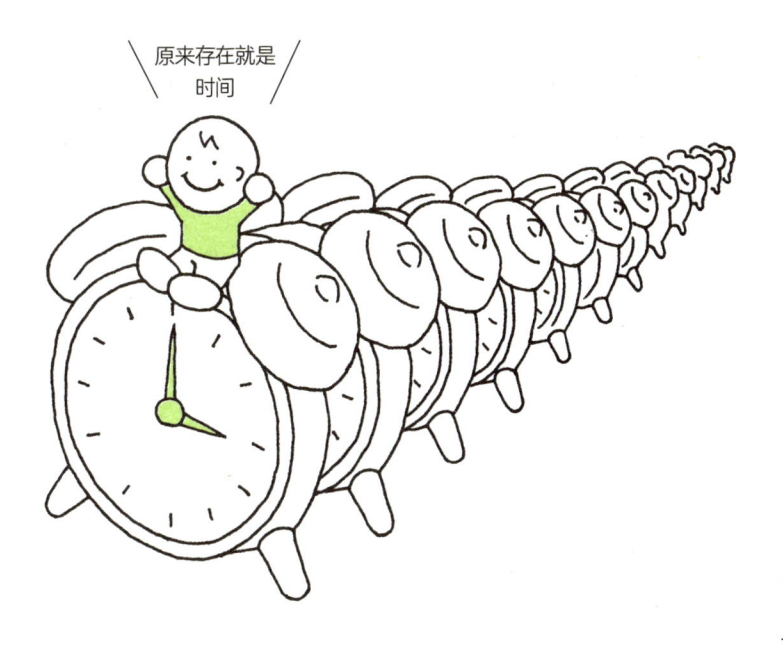

的，所以虽然死亡是人的终极目标，但要真正了解确实非常不容易。

当然，关于死亡的新闻大家应该都时有所闻。不过那是主观的"我"，对"客观对象"之"死"的认知，至于自己死掉的状态，活着时是无法了解的。因此，要掌握死亡是怎么一回事，非常困难，海德格尔运用现象学（参照第134页）的哲学手法，**展开"存在论"，并对死亡做了分析**。

首先，他说死亡的失去者和失去物完全相同，"弄丢手机"和"遗失月票"等情况所"失去"的，并非自身这个存在。但若论及"死亡"，失去的人与失去的物完全一致。

此外，人生的顺序是可以改变的，先入社会工作，之后再去念大学也行；即使上了年纪，也能靠努力让自己看起来年轻。唯有"死亡"的顺序最明确，一定要等到最后才会到来，**人不能逾越死亡，不可能提前到未来去回溯生前，远眺自己的死亡经验**（死亡的不可逾越性）。

举例来说，毕业典礼是完成过往生命中重要事件的庆祝仪式吧！但人生的毕业典礼却是"死亡"，成就"死亡"的瞬间，它的参加者也跟着消失。应该没有大楼一完工就瞬间倒塌这种事吧！唯有"死"是人生最后的最后，最终目标一达成，瞬间就全部消失。

此外，死亡也是他人无法替代的，自己的死必须自己承担。或许有人听到这种"关于死亡的分析"会感到心情低落。但是，海德格尔说"向死而生"才是原本的自我应该做的，因此提倡**人必须认真面对死亡，以找回本来的自己**（对死亡的先驱性意志）。意思是人不该逃避死亡，从尚未死亡的此刻就要开始正视它，那么这一瞬间就能发光发亮。

> **练习思考**
>
> 死了，就消失了……
>
> 某天，A君开始思考"死亡"这件事，他想了很多，感到很苦恼，最后对自己说：所谓死亡，就是身体组织支离破碎，终至消灭的过程。死了就什么都不用再想了，所以现在烦忧也没用。A君这种"死亡＝消灭"的想法，和海德格尔哲学有何不同？

提示！
现在还活着的自己，思考死后的状态，是否有所矛盾？

解答解说 **无法从外在理解死亡**

A君思考的"死亡"，是"客观的死、从外部来看的死"，因此"死亡＝消灭"，指的也是他人之死。从医学上来说是正确的，但因为他现在还活着，所以并不是亲身体验。活着的当下，就要向内心探问"是否了解死亡"，如此就会得到"原本与自身联结的世界会消失""不知何时发生""最后才会到来""必须自己承受"等答案。对于"死亡"有自觉的思考，才能坦然接受，不再视而不见。

人类是什么？

雅斯贝尔斯 Karl Theodor Jaspers

存在主义

> 人只有在遇到无法跨越的障碍时，才会了解某些事。

国 德国　说 界限处境、超越者　　　1883 年—1969 年
著《理性与存在》

被逼到绝境时才会明白的事

从内在来说明人类吧！

　　雅斯贝尔斯思考了"人类是什么"，这也是之前未曾有过的划时代哲学（现在看来或许很一般啦！）。雅斯贝尔斯认为，<u>人无法被客观地视为对象，永远都是身为主体的"我"</u>，我们确实能用生物学分析人类，但假如有人说："你是由蛋白质、脂肪，以及钙质等组成的。"你应该会感觉不悦吧，好像自己只是物质而已。

　　近代哲学认为，一切事物皆可用主客观的视角对象化、合理化，所以才会有"你是由蛋白质组成的……"这样的表达方式。不过雅斯贝尔斯拒绝这种说法，他从内在省思"人

神啊，
我的存款面临
绝境了！

类到底是什么"这个问题，这就是**存在主义**；是从内部思考这个活生生的自己到底是什么的哲学（克尔凯郭尔、萨特亦如此）。雅斯贝尔斯为了探究存在（此刻活着的自己），加深了对于"存在本质"的追求，最后登场的是超越者（神），因此他的思想被归类为有神论的存在主义。

雅斯贝尔斯认为人类和树木、石头等东西并存世界上，就这个意义来看，人类也是世界的一员。可是，我们无法像物理学讨论物质那样单纯地说明人类是什么，也不能用生物学处理生命、心理学研究心灵这种单一方式来处理，因为那些都只是从某一个角度，撷取人类的一部分作为研究对象而已。

话虽如此，断然地说"人类是精神体"，未免太过主

Chapter 3 现代①：存在主义、现象学、社会主义

143

观，也有其限度。因此，就人类是由各种成分混合组织而成这点而言，雅斯贝尔斯认为"人类是超越主客观对立的**统摄者**"。

到了生命的尽头，就会了解神

任何人都必须在**绝境**中生存，绝境指的是"**死亡、苦恼、纷争、罪恶感**"。没有人能逃一死，而且，苦恼与人生相随，有时候也避免不了纷争。例如，两家邻近的超市就会碰到抢客的问题，这里面就包含了纷争，人会不自觉地陷入纷争。再者，有时无法两全其美，一方满意了另一方却不开心，罪恶感就油然而生。

像这样，人无可避免地会处于这些情境中，但这也可能成为展开哲学思考的契机。在这种情况下，人会明确意识到此刻存在的自我，虽然会绝望，但同时也会感受到被某种超越自我的存在裹覆着、支撑着。

进而人会意识到：自己是由超越者（神）所赐予的（统摄者也是超越者），如此，**整个世界便是指向超越者（神）的"暗号"**了。超越者会持续传来暗号，即便我们遇到人生的绝境，也会有能力解读。这好像变成在谈电波，有点儿难懂吧。简单来说，上述内容的神并非宗教上的神，而是哲学上的神。

练习思考

人类，到底是什么？

我们能用科学来说明人类是什么，精神可用心理学和脑科学来分析，至于身体，可以根据医学与生物学的看法来分析。不管哪一种，有关人是什么的问题，只要用电脑分析，便能得出客观的说明。既然如此，怎么还会不知道活生生的自己是什么？那样就够了不是吗？

从雅斯贝尔斯的哲学思想来看，这种想法哪里有问题呢？

提示！

不要从外在去分析人类，这样容易失去内在的观察角度。

解答解说 分析人的存在，就会了解人类

雅斯贝尔斯说，人是无法被客体化、对象化的存在，人类并非可从外界赋予各种说明解释的对象，而是"我就是我＝存在"，去除这一点，人就像机器人一样了。雅斯贝尔斯批判"观察的自我与被观察的对象"这种近代合理主义的观点，因为如此一来，人就变成从外界观察的标本了。科学把人当作对象来分析，但那并无法说明人类自身的感受，能理解自身存在的唯有自己。

人是自我建构的存在
萨特 Jean-Paul Sartre
存在主义

> 人是自我建构的存在。

国 法国　说 物质与意识、自由与责任　1905 年—1980 年
著《存在与虚无》《辩证理性批判Ⅰ》

什么是"存在先于本质"？

石头和人的差异在哪里？

　　法国哲学家萨特开创了他独树一帜的现象学，杯子等物品只是单纯地在那里，本身什么感觉也没有（**在己存有**）。此事理所当然，但其实仔细想想，还真不可思议。

　　因为人拥有意识，但意识为何存在？世上只要有杯子、石头那些不具意识的东西不就好了吗？没有意识存在，只是静静地漂浮在宇宙之中，这样反而感觉比较自然。如此想来，人类是故意拥有意识的，这件事实在很奇妙。

　　拥有意识，代表我们是能够自我凝视（反省、内省）的存在（**对己存有**），自我凝视时，会一直追着那个自我跑，

自己制造自己！

因此你永远无法完全成为你自己。萨特说"人的内在总是在分裂的"，而且还会不断变化下去，所以称为"无的分裂"。每个瞬间都是不同的存在，**只有否定当下的自我，才能不断走向新的自己。**

萨特主张：正因为**人类并非某种特定的存在，反而更"自由"**，自己什么都不是（无），因此能以未来为目标，往前迈进，萨特用"**存在先于本质**"来表达这个概念。

最初，人先被丢到这个世界，然后才开始自我建构，刀子（在己存有）的本质是用来切东西，本质先被决定之后才制造出来（存在）。相对地，人类（对己存有）则先诞生于世（存在），才开始创造自己的本质，所以人类是无限自由的。

Chapter 3　现代①：存在主义、现象学、社会主义

147

介入的重要

萨特认为，人必须"**投身**"自己的行为。例如，爱上某位异性，进而在一夫一妻的体制下与对方结婚的人，就代表他肯定一夫一妻制，就是把全人类都拉进一夫一妻的框架里。这样说或许有些夸张，但不甚自觉的行为是会一点一滴影响世界的。例如，随手乱丢垃圾、红灯时穿越斑马线、急冲上车等，对于看到这些事的人来说，都会慢慢产生影响（不去投票的影响应该更大吧！）。

当人在进行某种行动时，既是"拘束、投入自己"，也会"拘束、影响全人类"，"自我选择"就被视为"选择全人类"，所以一切的行为都会直接形成"**介入**"。人的行为会立刻成为他者讨论与批判的对象（**即暴露于他人的眼光中**）。但萨特认为不可畏惧，而应在人际关系中对自身行为方式做出选择，并且有决断力地活下去。最后，萨特支持的是马克思主义。

> 练习思考

没有好的结果，都是社会的错！

环境决定人的成就！我家住在郊区，单趟通勤就要花两个半小时，到公司都已经累了。这种状态下，根本无法好好工作，而且又碰到不好的上司和下属，分配给我卖的商品也很烂，这种环境要我怎么出人头地呀！

若是萨特，会如何看待这个人的问题？

💡 **提示！**

不要什么事都怪罪环境，自己的选择自己承担。

解答解说 自己的未来，自己创造

根据萨特的看法，人类在既存的社会中继续建构着历史。但建构者始终都是人类自己，并非外在条件的错，自己会受历史影响，是因为有许多人参与其中。萨特说，**人必须意识到自己也是团体中的一分子，是创造未来社会的主体**这个事实。他认为个人行动与社会之间具有"建构同时也被建构"的关系，所以不该一味怪罪环境，而有必要自己"介入"。

为何我能了解他人的内在感受？

梅洛－庞蒂 Maurice Merleau-Ponty

现象学

> 用哲学来谈身体，会是这样的？

法国　　说 身体论　　1908 年—1961 年
著《知觉现象学》

通过相互渗透，来辨识自身存在

为何我能了解他人的内在感受？

　　哲学世界里会讨论很细微的问题，例如，为何我也能知道他人所吃的拉面是什么味道？既然我无法变成他人，他人也不是我，所以会得到这样的结论：拉面的味道"只属于我自己"。也有人说可以通过"移情"来了解，但那自始至终都只是通过自身经验推测他人的味觉而已（从自己的拉面口味来推测他人的口味是怎样的）。

　　也就是<u>自身主观往他人方向移动而已，就像自身的复制品以他者的身份存在于外界</u>，这听起来有些可怕，宛如世上只有我一个人单独存在（唯我论）似的。那么，我们如

何才能更接近他人的真实感受呢？这在哲学上称为"**他者问题**"。

为此，梅洛-庞蒂提供了一个解决方法，他把我们生存的、知觉的现实世界称为"**现象界**"，而这个生活在现象界的主体是"自己的身体"。我们拥有身体是理所当然的，但会把当然之事拿来做哲学讨论，就是他杰出的地方（因为之前的哲学都从精神层面出发）。理论优先的人很容易就会认定"自己是精神性的存在"，却忽略了若没有身体自己是不存在的。

世界，是以身体为出发点的空间

根据梅洛-庞蒂的看法，"身体"才是具体的自我所能看见的表现，重点在于他不像笛卡尔（请参照 56 页）那样，把心灵与肉体切割。也就是，不以物理的等质空间来理解世界，而是将世界重新定位为以身体为中心的空间。

从单一的"身体"出发，就不会有精神与物质二者分裂的情况，不但身体无法与世界分割，内外也是表里一体的，通过身体就能建立自己与他人处于同一世界的基础。

他进而指出，我们在自己的"身体"里进行着"主体与对象的相互渗透"。举例来说，当我用右手去碰左手时，是右手接触到左手这个对象；反过来说，就是左手被右手碰触。

他又继续扩充这个概念，指出自己的身体所关联的世界也有相同的情形，**在世界与我的身体之间，主体和客体是混合的**。这就近似于在森林中深呼吸时，会有"我与世界一体"的感觉。

如此，我们就存在于一个跨越区别、相互渗透的世界里了。吃拉面时也就不用再想"我和隔壁的友人，明明是各自独立的存在，为何能说彼此尝的是同一种味道呢？应该是不一样的吧"（一般是不会去想的……）这样的问题了，这样才能好好享用美味的拉面呀！

> **练习思考**
>
> **反正也没人了解我！**
>
> 人都是孤独的，你看，我们不都包裹在各自的皮囊下与他者分离而存在吗？所以才会有人犯罪，做出对他人很残酷的事呀！因为人无法理解他人的痛苦！人类不能相互了解，也是无可奈何的！就好比关在密室里一样。唉，我说人类啊……

💡 **提示！**

这个人的想法哪里有问题？

解答解说 在相互渗透的世界里了解彼此

我们以"身体"存在于这个世界上，并且会发生各种各样的事儿，而这些事儿会对我的身体产生意义，观察意义的表现，便能理解彼此处于相互联结的关系之中。世界以身体这个主体相互渗透。正因为有身体，我们才能通过它与别人产生关联。每个人都具备身体这个共同基础，他人的感受才能传递而来，我的心情也能传达过去，也就是说，没必要封闭在自己的世界里。

他人是不会让你如愿的

列维纳斯 Emmanuel Lévinas

现象学

> "脸"传递出"不可杀人"的信息。

国 法国　　说 脸、他者　　1906年—1995年
著《整体与无限：论外在性》

他人是不会让你如愿的！

我还是无法理解别人的想法

犹太哲学家列维纳斯有被纳粹俘虏、关进集中营的经历，他的家人几乎被杀光，唯独他幸存，所以他对"他者"和"杀人"等议题有着极为深刻的思辨，进而发展出独特的哲学主张。

列维纳斯的思想太复杂了，他提出与海德格尔不同的存在主义，而且两人对"存在"的讨论都极其高深，在此仅略为介绍其中一部分。例如，他怀疑黄金鼠和兔子等动物是否有"我"的自觉，他认为动物只是单纯的"存在"而已。人类与猫狗之类不同，并非只是"存在"，而有所谓"我"的

"存在",而"我"到底是什么呢?

自古以来,许多哲学家都对"我"有诸多讨论,列维纳斯假设先有所谓的"存有"(il y a* = 有∞),"存有"是种既无我、也无他者的状态(匿名性),就是"单纯的存在"。

直到感觉"肚子饿了"或"头好痛"的时候,那个"我"才会出现,就像在黑暗中的"存有",让"我"浮现出来的感觉。因此,<u>与其说"我一直存在",更像是被世界挤出来似的,会产生"我竟然存在了""我为何存在呢"之类的倦怠感</u>。若依列维纳斯的理论,这个"我"是从"存有(il y a)"中出现的,因此会觉得"我是绝对孤独的",就像"我"是从平底锅(存有)中飞出来的食材一样……

---

* il y a:法文,意指存在、有,如同英文的 there is ／ there are。

看着对方的"脸",就很难杀人……

假设那个孤独的"我"与"他者"相遇了,但"他者"和"我"绝无相互交会的可能,正因没办法进入"他者"的意识,所以他者是一种无法理解的、超越性的存在。

于是,在此列维纳斯的术语"脸"就登场了,他说与他者面对面就是与"脸"相对的意思。你可能会想:"为什么是'脸'?"那是由于列维纳斯的著作里一直出现"脸"这个用语的缘故。

一般会认为,要先有一个他者,之后才会出现他的脸。不过列维纳斯不这么想。他说,**最先面对的是"脸",接着才会感觉到存在于背后的他者,"他者"并不在这个世界上(因为是超越性的),但是通过"脸",我们就可了解各种事情**。

"脸"是"他者"的表象,会传递出某些信息,是"他者"建构了"我"的存在(这和肚子饿了才产生"我"这个主体的原理是相同的),接着,列维纳斯又说:"他者的存在本身就是伦理。"但因"他者"的存在是不可解的,所以有时候会失控,最糟的情况就是杀人,一旦杀了人,"他者"就不再是"他"了,杀人的本质就是如此。

"脸"会传递出"不可杀人"的信息,就像遥控无人机杀人很容易,但若要士兵看着对方的"脸",就很难做到了。

> **练习思考**
>
> **我是社群媒体上的宠儿**
>
> 我超喜欢 Facebook、LINE，还有 Twitter 等社交软件，因为看不见对方，所以能畅所欲言！不过之前和线上互动频繁的人见面，感觉超紧张的，该不会我不善于与人互动吧？
>
> 你觉得列维纳斯会怎么看待他呢？

提示！

用社交软件对话，和面对面交谈的最大差异在哪儿？

解答解说 直接见面时，"脸"会对你说话吗？

和人见面时会紧张，在哲学上被视为很正常的事，胡塞尔、萨特和梅洛-庞蒂等人都有过"他者论"的讨论。基本上，"我"和"他者"是不同的存在。"他者"的世界无法直接传达给我，这正是哲学的课题所在。列维纳斯认为，"他者"虽然是绝对无法理解的存在，但"脸"却是"他者"的象征，看着对方的脸会说不出话来，也无法伤害对方，是因为"脸"会传达出深刻的信息，所以直接见面互动是很重要的。

保持好心情才会幸福

阿兰 Alain
人道主义者

> 不努力得到幸福，就不会幸福。

国 法国　　说 幸福、好心情的方法　　1868年—1951年
著《幸福散论》

保持好心情是义务

生理影响心理

当社会躁动、人心不安时，阿兰的《幸福散论》就会大受欢迎。阿兰的本名是埃米尔-奥古斯特·沙尔捷（Émile-Auguste Chartier），他在巴黎的学校任教时也会撰写一些短篇文章，《幸福散论》就是集结这些短文而成的书。

阿兰认为"情绪这种东西不好"，但是却能靠意志控制，《幸福散论》对于如何不受感情与情绪影响有许多的介绍。例如："首先，人会在自己心里面制造晴天和暴风雨。"如果放任不管，心情当然会不好。

另外，阿兰强调不愉快的原因与其说是精神性的，不

下雨好讨厌啊——

下雨了，好清爽啊！

不幸的人　　幸福的人

如说主要是生理失调，因此他主张控制并锻炼肉体以统御心灵。"某人焦躁或生气，常常是因为他一直站着不动。"阿兰认为这时候"就要赶快拿椅子给他坐"。

人有时会觉得幸福，有时会感到不幸，理由虽然不是很重要，但都是生理因素较多，所以若能注意健康、保持心情平静，大部分的烦恼都可消除。

保持满足的心境

阿兰说："遇到讨厌的人要先微笑。"用体贴、亲切、开朗的态度向对方致意或微笑是很重要的。此外，人生的秘诀是："不要为自己的决定或工作同自己的内心斗争""不争执、顺利做"。

他说**人都想获得幸福，却不积极去达成目标**，"要感觉不幸或是不满并不难，只要像王子那样，等着别人来取悦你就好了。"意思是不努力不可能得到幸福。

　　另外，人对凭空得到的快乐很快就会厌倦，凭一己之力得到的幸福才会格外喜悦、珍惜。最重要的是人是喜好行动、有征服欲的，所以无须忍耐讨厌的事，努力向前迈进就对了，这就是营造好心情的基础。阿兰认为，吃一点儿苦的人生比较好，不要选择走太平顺的路。

　　此外，他把"**好心情**"列为人最重要的义务，若能"多微笑、用温柔的语言、时常表达感谢、对人冷淡的笨蛋也要亲切以待"，好心情就会包围你。不要一下雨就想路会充满泥泞，要想的是下雨路就会被洗净，清爽舒适。

　　可是，要一直维持积极正面的思考很困难，所以想得到幸福就必须做某种程度的修炼，还要有得到幸福的决心。

> 练习思考

> **唉，心情好差，真是糟透了！**
>
> 我怎么会这么不幸啊！没有一件事是顺利的，总觉得很烦躁，每天都眉头深锁，臭脸过日子。在这世界上要获得幸福是不可能的，工作又无趣，唯一的嗜好就是喝酒。唉！好想中乐透……
>
> 根据阿兰的见解，这个人为什么不幸福？

提示！

一直抱怨很不幸，只会让自己更不幸福！

解答解说 幸福是你的义务

人时常认为幸福来自外界，例如，交到男女朋友或是中乐透之类的。但阿兰却认为，人不努力才会不幸，甚至还说"你有幸福的义务"，所以一定要幸福。想营造好心情，可以从阿兰建议的"不要抱怨、对人亲切"开始，"微笑"对待他人，好心情就会变成礼貌，接着影响他人和外界，因为幸福也是对他人应尽的义务。

Q 哲学有什么用？

A 哲学从各种意义来说都很有用，小至个人功效，大到对世界史的影响。就个人来说，例如逻辑组织法、思考整理术、灵活的意念、烦恼的解决，等等（但也和保健食品一样，有时候会感觉不到它的功效）。

就世界史层面来说，有些学者是在哲学的启发下提出伟大的发现，也有社会活动家受哲学思潮的影响发动革命（不过，有的革命不仅没帮助反而有害，但那是副作用，也无可奈何）。所以哲学在产生巨大影响时，也具有危险性，务必小心使用。

Chapter 4

现代②：结构主义、后现代、分析哲学

弗洛伊德（Sigmund Freud）

荣格（Carl Gustav Jung）

阿德勒（Alfred Adler）

阿多诺、霍克海默（Theodor W. Adorno、M. Max Horkheimer）

哈贝马斯（Jürgen Habermas）

索绪尔（Ferdinand de Saussure）

列维-斯特劳斯（Claude Lévi-Strauss）

福柯（Michel Foucault）

利奥塔（Jean-Francois Lyotard）

鲍德里亚（Jean Baudrillard）

德勒兹、瓜塔里（Gilles Louis Réné Deleuze、Félix Guattari）

德里达（Jacques Derrida）

阿尔都塞（Louis Althusser）

汉娜·阿伦特（Hannah Arendt）

罗兰·巴尔特（Roland Barthes）

本雅明（Walter Bendix Schönflies Benjamin）

内格里、哈特（Antonio Negri、Michael Hardt）

罗尔斯（John Bordley Rawls）

弗兰克尔（Viktor Emil Frankl）

罗素（Bertrand Arthur William Russell）

维特根斯坦（Ludwig Josef Johann Wittgenstein）

潜意识里的秘密

弗洛伊德 Sigmund Freud

精神分析学

> 只要对潜意识的创伤有所自觉，症状就会解除。

国 奥地利　说 潜意识、性冲动　　1856年—1939年
著《梦的解析》

潜意识里的秘密

发现看不见的心灵系统

人常会说"在潜意识里……"这样一句话，而发现**潜意识**的人正是弗洛伊德。某次，当他在治疗歇斯底里患者时，发现他们的意识深层都藏有性方面的创伤，于是他试图让这个被忘却的记忆苏醒过来成为显在意识，让患者清楚地自觉，后来病人的歇斯底里症状就顺利解除了。

他又进一步确认精神官能症患者的潜意识里也有压抑，解放压抑症状就能消除，他认为只要能意识到之前未察觉的原因，便能控制结果。排水管若堵塞，污水就会从意想不到之处溢出来，弗洛伊德试图以清除心灵淤塞的方式治疗患者。

弗洛伊德接着开始好奇为何不愉快的记忆会被锁在心灵深处，然后他发现这些记忆大多是与性欲有关的体验。**当某种体验在性方面遇到不愉快的阻挡时，为了保护心灵会自行启动安全装置，把体验的内容驱逐到记忆深处**，这就是所谓的心理防卫机制。

让心灵机制明确运作

将不愉快和异常经验锁进潜意识深处的箱子，称为压抑。弗洛伊德认为，人的心灵有如冰山，浮在意识水面上能被看见的，只是极小一块，心灵的绝大部分都隐藏在水面下的潜意识领域。多种伴随着欲望（**本能冲动**）和情感的信息，都被压抑在潜意识领域，它们有如火山，随时可能爆发。

潜意识领域被称为**本我**（德语：es；拉丁文：is），这里潜藏着身体内部的能量，即性冲动（力比多，libido），性冲动在通往意识的过程中被赋予观念，成为愿望。可是愿望不见得都能实现，性冲动因此受压抑而变形；再者，家庭教育所建构的良心称为**超我**，超我担负着"不可以……""要成为……""你必须……"等被禁止的行为或对理想的追求。

介于本我与超我之间和外界世界联系的领域叫作**自我**。内心能量若能顺利通过排水管来到出水口，心灵就能得到满足。假设出水口被堵住了，代表超我的力量在运作，它一直想着"这不行、那不行、要这样"而无法随心所欲，如此一来水就会逆流或导致水管破裂，精神官能症就是这样发生的。当欲望无法以原本的形态被满足时，最后就会以当事者完全不解的方式爆发，本人就会非常痛苦。自我的作用，就是在调整性冲动的能量（那个也想做、这个也想做）与超我（不可以那样做）之间的平衡，所以适度的心灵活动是很重要的。

> **练习思考**
>
> ### 每次出门，都担心忘记锁门
>
> 每次出门都会想："我是不是忘了锁门？""煤气关了吗？"有时还特地回去确认。另外，有时还会弄丢钱包、遗失眼镜或找不到笔，甚至连重要文件也会不见。
>
> 以弗洛伊德的观点来看，这个人的心理状态如何？

提示！

根据快乐原则来看，有可能是潜意识在操纵意识。

解答解说 **心灵深处正在抗拒着……**

以为忘记锁门特地回家确认，可能是因为在潜意识里觉得上班上学很痛苦；弄丢资料或眼镜，有时是因为那些东西伴随着不快的联想。潜意识遵从快乐原则，会操纵意识，阻挡掉一切令人不悦的事，就用"丢了就丢了，那也没办法"当作借口来逃避痛苦。通过自我分析，有意识性地行动，就能解决这个问题。

人类有共同的原型

荣格 Carl Gustav Jung
分析心理学

> 集体潜意识存在全人类心中。

国 瑞士　说 集体潜意识、原型　　　1875 年—1961 年
著《自我与潜意识》《原型论》

人类有共同的原型

和弗洛伊德理论决裂的荣格

　　荣格是受弗洛伊德影响的瑞士精神分析学者兼心理学家。但是他否定老师弗洛伊德对于心灵能量皆来自性冲动的说法，最后与弗洛伊德分道扬镳。荣格认为，人类的存在并非仅由过往被扭曲的性能量所决定，他强调所有的冲动最初都会归结成一个。**他认为力比多（libido/ 性冲动）并非如弗洛伊德所说，仅限于性的含义，而会以各种形态喷发，它是一种中性的能量。**

　　关于梦的解析，弗洛伊德和荣格也看法不同。荣格认为梦是潜意识的呢喃，能带来心灵未曾注意到的智慧，此外荣

格把内心复杂的情感反应称为"情结（complex）"。对父亲的敌意，想超越父亲的欲望称为"**俄狄浦斯情结**"，男性多表现在对上司或长辈的反抗，女性则会表现在爱慕年长的男性；而有"**恋母情结**"的人，若被女性温柔对待便容易产生过度撒娇或依赖，进而产生"想被爱的心情"，"为何不能更爱我一点儿"的怨恨，有时甚至会失望，觉得自己"被遗弃了"；还有所谓的"**救世主情结**"，这是通过帮助别人来确认自身存在意义，或想借此站上优越地位的情感反应，并非真心想要帮助别人，所以这种帮忙有时会让人觉得不悦；至于"**该隐情结***"，指的是手足间的竞争与忌妒等反应。

* 该隐情结：源自《圣经·旧约》中，哥哥该隐杀了弟弟亚伯。多用来指兄弟间的对抗意识，或手足间的竞争与忌妒。荣格指出，有这种情结的人，会对受父母关注、疼爱较多的兄弟心怀憎恨。

祖先的记忆存在潜意识里？

荣格认为潜意识里不仅有个人体验，还包含了祖先的经验，他这么说是因为明明成长于不同国家或文化，却都看过蛇的幻觉（酒精中毒等情况）体验。荣格说，这大概是人类祖先有过的体验，通过遗传基因保留下来。

而且，荣格认为神话并不客观，只是内在人格的启示性象征，也就是说是潜意识的创伤转化成神话。全人类都有跨越时代、民族或个人体验的"**集体潜意识**"，它形成人类精神活动的基础。

提倡集体潜意识的荣格，从潜意识的研究去看神话和宗教研究领域发展，因此对神话的解释和弗洛伊德不同。弗洛伊德以俄狄浦斯情结为基础，想象原始时代父子之间的斗争，进而指出禁忌与宗教就是为了防止这种斗争而诞生的。

但是在荣格眼里，神话与宗教是原始人为了理解自身无法理解之事所用的方法。此外，他认为出现精神官能症代表对环境适应不良，要积极治疗，不能只按弗洛伊德说的，让患者自我觉察过往的精神创伤，还要努力让他适应现实才行。

> **练习思考**
>
> **那个梦到底是什么意思?**
>
> 我可是解梦专家!说说看你昨晚做了什么梦。什么?削苹果时,里面跑出一条蛇?嗯,根据弗洛伊德的性欲论,苹果代表女性,蛇代表男性,所以从精神分析的观点来看,你应该和某个男人有性方面的困扰吧!咦,怎么了?干吗生气啊!喂,别走啊!
>
> 依照荣格的理论,这个人对梦的解读有什么问题?

💡 **提示!**

精神官能症和做梦的根源,并非都与性欲有关。

解答解说 随便乱解梦很危险

荣格认为,全人类的潜意识里都存在一个共同的"原型",例如"影子"代表恶;"阿尼玛(Anima)"是男性潜意识里的女性意象;"太母"则是既温柔又可怕的母亲,这些都被视为神话表现。

此外,荣格的解梦与弗洛伊德不同,以苹果和蛇的梦来说,苹果皮指人在面对外界时的形象,是一种人格面具(persona)的象征。但是在《圣经》里,苹果与蛇讲的是关于亚当和夏娃的故事。梦的解析是精神分析的重要成分,若和弗洛伊德一样什么都与性欲论结合,就会变成是在开黄腔,所以还是小心为妙!

决定意识的是未来的目标

阿德勒 Alfred Adler
自卑心理学

> 人际关系是一切烦恼的根源。

国 奥地利　说 自卑感、追求优越　　1870 年—1937 年
著 《自卑与超越》

逆转人生的心理学

跟过去的创伤毫无关系

阿德勒曾是弗洛伊德（参照第 164 页）的弟子，但是他反对老师的泛性欲论，也就是把一切还原成性压抑的生物学论点，最后就离开了弗洛伊德的门下，阿德勒和荣格都是如此（参照第 168 页）。

弗洛伊德把重点放在性冲动上，指出超我的力量导致压抑的产生，而阿德勒的焦点是"自我"。弗洛伊德的性冲动说是出于维持种族的本能，相对地，阿德勒认为**自我具有的冲动，就是为了保存自我的冲动**。他以尼采的"权力意志"为基础，将自我冲动视为一种**权力冲动**，尼采说，人拥有想

超越他者、创造更高价值的"权力意志"。

阿德勒也认为那种力量存在于每个行为的背后，是比性冲动更根本、更深层的东西。弗洛伊德精神分析把过去经验视为心灵能量滞留心底的原因，因此重视的是过去。但阿德勒认为，<u>人类意识的运作受权力冲动的左右，比起过去，更应重视未来</u>，所以人类的意识活动，并非如弗洛伊德所说，会被过去的心灵创伤所限制。决定它的是未来的目标。

把自卑当弹簧，用力往上跳！

弗洛伊德以孩提时的经验为基础，说明人在成年之后的状态，确实也有幼年时期心灵受创长大仍被囚禁在创伤里的例子。但阿德勒主张要面向未来，指出精神生活是对未来人生的准备，他以小孩说谎为例，认为与其关切是何种经验导致小孩说谎，不如去了解说谎的目的是什么，也就是把未来放入视野中。

假如说，每个人都受到尼采说的"权力意志"（优越意志）的驱使，那么最痛苦的，应该就是<mark>自卑感</mark>了，自觉不如人确实是非常深刻的苦恼。阿德勒认为优越意志与自卑感是一体两面的，所以做出以下的结论：精神官能症的本质是要逃避自卑感，这种疾病会出现在当事者无法用社会的、现实的方法克服自卑时，<mark>所以克服不了自卑感，为自己的行为找不到合理的借口，或幻想自己非常有成就的疾病统称精神官能症</mark>。

他进一步指出犯罪的心理原因也源于自卑，犯罪行为何其多，共通之处都是对于他人财物、身体、名誉的抢夺。犯罪是想用最简单的方法来克服自卑，以表现自己高人一等，所以"犯罪是一种病"。

所以阿德勒一方面分析患者过去的家庭状况，并使其自觉自身性格形成的条件，同时积极揭示人生的目标，并指引他如何才能达成。

练习思考

> 自卑感太强大了，真糟糕

A君有英文障碍，极度讨厌英文，外国人只是用英文问路，他也会紧张到抖个不停。他常对自己说："在日本没什么机会讲英文，不会英文也活得下去，没关系。"最近在看外国电影和外国电视剧时，连字幕版的都不看了，尽量选日文配音的，总之就是尽全力避开英文。

从阿德勒心理学来看，A君应该怎么做才好？

提示！

带着自卑感过日子太辛苦！你是否总是不自觉地逃避某些事呢？

解答解说 自卑感才是成长的动力

雅典的德摩斯梯尼（前384—前322）原本不擅长在人前说话，后来克服这个弱点，成为伟大的雄辩家；詹姆斯·安东尼·亚伯特（James Anthony Abbott，1967— ）虽然天生单手残障，依然克服了障碍，成为美国职棒大联盟的投手。阿德勒假设人类在意识、潜意识上，会想用某些方法克服肉体和精神的缺陷（补偿作用），所以对英语的自卑感越强，就越能利用这个缺陷把它学好。阿德勒的理论还能有很广泛的应用，每当你感到自卑时，就把它拿出来吧！

为什么会出现希特勒？

阿多诺 Theodor W. Adorno、霍克海默 M. Max Horkheimer
法兰克福学派

> 为何人类会朝"新的野蛮"发展？

国 德国　说 工具理性
著《启蒙辩证法》（合著）

阿：1903 年—1969 年
霍：1895 年—1973 年

未来不是很光明吗？

为什么会出现希特勒？

听到法兰克福，很多人可能立刻想到德式香肠。而法兰克福学派，指的是领导第二次世界大战后德国思想界的团体，内容为批判理论与近代批判。话虽如此，一般人都不了解他们在批判什么，觉得很艰涩难懂。粗略来说，**法兰克福学派有很多犹太裔的知识分子，批判的矛头从纳粹开始，并且扩及现代社会本身。**

1958 年，法兰克福社会研究所在德国重建，当时就任所长的是阿多诺，阿多诺在其主要著作《否定辩证法》里，批判了纳粹与海德格尔哲学（因为海德格尔曾向纳粹靠拢）。

工具理性一旦暴走……

轰!

理性带来的近代化将世界从**神话的魔术**(科学尚未发达时，人们所相信的事)中解放，所以我们理应建构了一个自由的文明社会。本来的理性是一种叩问人类社会的善(如正义、平等、幸福、宽容等)是什么的能力，然而不知为何，拥有理性的人类却倒退回神话时代，发起残忍、暴虐的行动。这里指希特勒通过纳粹进行屠杀犹太人，纳粹之外，现代社会本身也受到批判。

新的野蛮更可怕

阿多诺和霍克海默等人质问："为何人类'不往前进的道路迈进，却落入一种新的野蛮？'"他们批判理性，指出直到理性创造了科学技术万能的工业社会为止，它都是好的。后来却控制了人类与自然，沦为有效管理的工具，这种理性被称为"**工具理性**"。（无论好坏一律以效率、合理性来实现某种目的的理性，已沦落为一种形式的、技术性的"工具"，故称为"工具理性"。）

伴随着工业的发展，**工具理性只追求如何有效率地达到目的，同时也把人类自身视为工具性的存在**。法兰克福学派认为理性的工具化就是理性的崩坏，他们主张多多思考人生价值的问题，并试图让原本的理性（**批判理性**）复权。这是一个可怕的事实，人类原本以为通过理性的力量顺利从野蛮状态中解放，没想到却被理性反噬，开始受到它的支配。

现代科学日新月异，人们用理性思考以达成目的。然而整体来看，却是走向毁灭之路，退回野蛮状态，所以"野蛮→启蒙→野蛮"的辩证法（否定辩证法）便随之兴起。

我们的生活拜科学所赐，已经愈来愈便利了。但若不坚持任何价值观，只任由过于工具性的思想浪潮席卷，等到发现时恐怕为时已晚，究竟人类未来将走向何方？

练习思考

> 总之，照我说的做就对了！

喂，我说你呀，照公司的指示去做就对了，一切按公司 SOP（标准程序）行动。什么？这产品会带给消费者什么后果？我哪管那么多，只要卖得出去就行了，消费者也是高兴才买的呀！你赶快把那个基因改造的玉米汤卖掉。

根据阿多诺的看法，这家伙哪里有问题？

提示！
原本用来决定事物价值观的理性，曾几何时已变成一种技术。

解答解说 理性失控的时代

人类自太古开始，就利用技术来支配外在的自然。以我们身边的事情为例，天热时开冷气消暑也包括在内。一直以来，人类也会通过道德来支配内在的自然，当欲望过头时，就会加以抑制，原本人类拥有自我控制（主体性）的能力，情况却在不知不觉间逆转，猛然一看，我们已活在一个失控的世界里了。不做哲学思考，凡事只以技术优先，最后可能会弄到无法收拾的地步！或许，重新审视价值观的时代已经到来。

从争论中学习

哈贝马斯 Jürgen Habermas

法兰克福学派　公共哲学

> 沟通理性的可能性。

国 德国　说 公共性、审议　　1929年—
著 《沟通行动理论》

用沟通来开路

从争论中学习

　　哈贝玛斯是承袭阿多诺理论的思想家，但他也对阿多诺等人提出批评。阿多诺认为"当社会整体错误时，个人就无法选择正确的生活方式"，哈贝玛斯则批判这种"充满真理的社会"会出现的想法太狭隘。阿多诺等人说的理性工具化的问题确实日益严重，但与此同时，人们也在培养互动交流的理性，哈贝玛斯强调沟通的重要，能将社会导向正确的方向。

　　哈贝玛斯所强调的沟通，并非论争后获得胜利就好，不仅要得到对方的理解，还必须寻求认同，为了达成这个目

标，他认为有三项必要原则：

①参加者必须使用同一种自然语言。

②参加者只叙述并拥护自己信以为真的事实。

③所有的当事人都以对等的立场参加。

以上述原则为基础，真正的沟通就可能实现，**从论争中学习，并且为了学习而论争。此外，论争时不能一味地批判对方，强行通过自己的主张，也要试着去了解对方的意思。**

这是尊重对方，以达成共识为目标的态度，哈贝马斯称为"**沟通理性**"。总之，当对方在陈述时，不能任意打断、强加己见，也不能嘲讽或奚落对方的看法。（在亚洲，大家或许很难以理解，但在欧美，彼此语言的奚落是非常激烈的，有时甚至会发生暴动。）

决定对话的原则

能否从主体中心的理性转换成相互沟通的理性，要看主体（自己）如何应对客体（人、物、事件，等等），如此便能决定是独断的论争，还是相互理解的讨论。

哈贝玛斯支持沟通性的、也就是认同彼此相互主观关系的立场。根据他的理论，人类行为可分成"**以成果为导向的行为**"和"**以理解为导向的行为**"，前者是想随心所欲地支配自然与东西。如此，对待自然和东西会变成"工具的行为"，而对待人则会是"战略的行为"，这样会让讨论变得火爆，或想用哄骗让对方同意己见。只想着自己能赢就好，就不可能产生好的对话。

因此，寻求相互了解的行为是必要的，也就是后者的"以理解为导向的行为"，而这个过程称为"审议"。"审议"有其进行原则，参加者必须处于自由、平等的条件之下，**通过"审议"获得的全体共识称为"真理"**。每个人的想法都不一样，所以，如此的对话原则，具有普遍性意义。

> 练习思考

讨论不是吵架吗？

我们公司在讨论事情时，经常感情用事，最后以吵架收场。年轻人提出的意见，上司都会立刻否决，而且女性也很难发言，这种会议不如不开，反正都是上司自己在决定不是吗？真是受够开会了，一点儿意义都没有。

哈贝玛斯会觉得这家公司应该怎么开会呢？

提示！

开会不是用来吵架的，是为了寻求理想的共识吧！

解答解说 对话是为了强行通过己见吗？

在会议等意见交流的场合，若自己的意见遭人否决，就会很生气，那是因为你认为开会的目的就是要通过己见，才会一开始就像在打仗，这是一种无论如何都要达到目的的主体中心思考。假如能反过来，秉持从对话中学习的态度进行"审议"，以达到对真理的共识，这样就能建立彼此认同的相互主观关系，让会议变得有意义。理想的会议以相互了解为目标，而非战胜对方。但是，那种想令人刮目相看的心情，我也是能够了解的啦……

先有实物还是先有语言？

索绪尔 Ferdinand de Saussure

结构语言学（结构主义）

> 语言出现之前，什么都不存在。

瑞士　　语言（langue）　　　　1857 年—1913 年
《普通语言学教程》（学生整理的上课笔记）

语言区别我们的世界

先有实物还是先有语言？

  瑞士语言学家索绪尔的结构语言学对现代思想影响很大，索绪尔语言学认为，人在**语言**的制度下思考。所谓"语言的制度下"，意指"各国语言"，例如日本人在日语的制度下、法国人在法语的制度下思考。

  于是，思考会受语言的限制，因使用语言的不同，产生各种限制。举例来说，中文有"蝶"和"蛾"两个词，所以我们能区别两者差异。但在法国，二者皆称为"葩丕雍[*]"，"蝶"和"蛾"是一样的。但又不是一开始就不同，是因语

---

* 葩丕雍：法文 papillon 的音译。

> 大家都通过"语言"看世界!

言有别才产生差异。

　　索绪尔之前的语言学，认为先有对象物的存在，然后才出现与之相应的语汇。语言对应各种东西，就像是上面贴有标签的目录，例如先有狗这个实体的存在，才取了"狗"这个名字，狗和"狗"的名称对应，这应该是基本常识吧！

　　然而，索绪尔却颠覆了这种概念，**提出因为有语言，才能区别各种东西的不同**。也就是说，有很多四只脚、有尾巴、吠声汪汪的动物，假如只有"狗"这一个词，就全都叫作"狗"了。但正因有"狗""豺""狼"等不同语汇，我们才能区别它们的差异。

没有语言，就无法思考

要是问"彩虹有几种颜色"，你会回答有"七种"，不过这是日本人的说法，在美国会说有六种，因国而异。另外，日本有五月雨、梅雨等各种对于雨的表达，据说因纽特人有八十几种形容雪的用语，所以即使是同一个东西，也会因语言的不同而有所不同。因此，依各国语言的差异，人们对世界的看法也会随之改变，**先有语言，才有世界**就是这个意思。或许你会感觉有些不可思议！先有语言上的区别，接着才产生对象的分类与认识，这就是"**差异的体系**"。

索绪尔并非哲学家，但这种"差异"的语言观，对思想界产生极大的影响。苏格拉底以来的哲学，都在追求所谓的"真实"（即真理）。**但"真理"并非先有的存在，世界是通过语言才产生区别的，所以使用不同的语言，"真理"也会随之不同**。先有语言之间的联系，"真理"的范围才会确定，假如语言和语言的联结方式会改变人对事物的认知，可能就会对自古以来坚持"这才是绝对真理"的哲学观产生疑惑。此外，也会对所谓"我是××"的**身份认同（identity）**产生疑问。基于"差异"的相对性概念，可能以后就说不出"我是基督徒，而且那是正确的"这种话了。

> **练习思考**
>
> **人生只要学会这几个词汇就 OK 了吗？**
>
> "这衣服有点不舒服。"
> "真的吗？"
> "但是钱不够，烂透了。"
> "真的吗？"
> "我爸妈都不给我钱！"
> "烦！"
> 要是索绪尔，会怎么看这段对话呢？

提示！

语言会划分世界，使思考复杂化，寥寥数语可能不够用……

解答解说 增加词汇也能丰富思考

很多人都认为"比起语言，内容更重要"，所以在不少情境下的用词都很不精准，还有"你什么都不必说，我都懂"这种以心传心的文化，给人一种轻视语言的感觉。笑而不语或许是亚洲文化的独特之处，不过若能增加语言网络（差异体系），可让思考变丰富，世界也会更开阔。只用"真的吗、烂透了、烦"这几个贫瘠的词汇，久而久之思考会渐渐萎缩，等到发现时，可能已经头脑空空了。

历史并非以直线进步

列维－斯特劳斯 Claude Lévi-Strauss

社会人类学　结构主义

> 在当事者也不解的规则深处，存在着看不见的结构。

国 法国　　说 野性的思维　　　　　　1908 年—2009 年
著《亲属的基本结构》《忧郁的热带》

历史并非以直线进步

未开化社会中无人理解的惯例

　　列维-斯特劳斯是文化人类学者，他曾积极与维持原始生活方式的人交流，并研究亲属与神话课题。当时，有个谜一样的课题困扰着这位人类学家，那就是原始部族社会的**乱伦禁忌**，其中一则是关于"平行表亲"（彼此的父母是同姓兄弟姊妹）和"交叉表亲"（彼此的父母是异姓手足）的通婚问题。

　　他意外发现，**在某个未开化的原始部族社会，与"平行表亲"的通婚（平表婚）被禁止，但"交叉表亲"（交表婚）的婚姻却受到鼓励**。日本社会是承认表亲婚姻的，但原始民

族的通婚，却会依表亲关系的不同，或可或不可。

依文明社会的价值判断，"平行表亲"和"交叉表亲"都是一样的。但为什么在原始社会中这个差异很重要呢？实际访问了实践这项禁忌的原始社会民众，很惊讶地发现他们自己也不甚了解。"长老先生，为什么不能和'平行表亲'结婚，和'交叉表亲'结婚就 OK 呢？"得到的回答竟然是"我也不太清楚，自古以来就是这样规定的！"

原始人的高等数学思考法

许多人类学者都挑战过这个问题，最后都举手投降了。学者们认为，他们这样做并非考虑到表亲的差异会造成遗传问题，从头到尾都只是执拗地相信一些固定观念。

"原始人就是原始人，他们相信一些文明社会不甚理解的风俗迷信。"所以得到"原始人的思考是不合理的"这个结论。然而，有关这个问题列维-斯特劳斯注意的焦点和其他学者不同。有一段时间，列维-斯特劳斯向雅各布森[*]学习音韵论方面的学问，雅各布森是索绪尔结构语言学的继承、发展者。

　　那时，列维-斯特劳斯突然灵光一现，立刻将结构语言学的理论套入人类学范畴，结果发现一个事实：**如同语言深处存在着看不见的结构（差异的体系、相关性）一样，过去仅看表面就斥之为原始的未开化部族亲属、婚姻、神话里，其实有着我们无法理解的结构。**

　　也就是说，"平行表亲"的通婚没有可替代的女性成员，但若是"交叉表亲"，女性就可顺利地交替循环，这规则潜藏着防止单一部族兴盛或萧条的结构，列维-斯特劳斯将此称为"**野性的思维**"。过去一直被视为原始民族的他们，在潜意识中以身体展现了科学规则（显然长老并没有发现……），这让唯有近代思考才具理性的观念受到批判，进而促使西方世界观、文明观那种偏颇的"**民族中心主义**"彻底反省。

---

[*] 罗曼·雅各布森：Roman Jakobson（1896年—1982年），俄罗斯语言学家、文学理论家。

> **练习思考**
>
> ### 结构主义那种东西，我又用不到
>
> 我不大懂什么是结构主义，虽然学校老师解释过："结构主义所说的结构和建筑物的结构不同。"既然如此，那"结构"到底是什么？唉，算了，反正和我们的生活没有关系。你说什么？最后这块烧肉给谁吃？嗯，那就猜拳决定吧！
>
> 这个人真的和结构主义毫无关系吗？

提示！

猜拳的相关性是某种规则的变化，我们是否一直在无意识地使用着所有的结构？

解答解说 **关系在变化中保持着基本状态**

猜拳时的相关性是"石头"赢"剪刀"，"剪刀"赢"布"，而"布"赢"石头"。但就算不是剪刀、石头、布也无所谓，重要的是彼此的关系，用"火""水""金属"替换，也和猜拳具有相同的结构（例如水赢火，以此类推）。所谓的结构，是存在于变化深处的基本公式，就像气球上画的鱼，会因气球变大膨胀而变形，所以结构的特征就是多变化。

"知识"的形态会随时代而改变

福柯 Michel Foucault

知识考古学

> "知识"的形态会随时代而改变。

法国　知识型（épistémè）　1926年—1984年
著《词与物》《古典时代疯狂史》《规训与惩罚：监狱的诞生》

"人类的终结"是什么？

"区别"造就学问

　　福柯在《古典时代疯狂史》中，沿时代顺序考究了疯狂被定义为今日的"精神病"之前的历史，我们大多倾向于认为精神病是任何时代都存在的。疯狂和正常的基准从一开始就被决定了，他们之间被清楚地划了一条界线。

　　然而，福柯却认为疯狂并非一开始就存在，而是社会赋予的定义，也就是说，<u>疯狂与理性（正常）之间的相对关系，是在历史发展中被形塑而成的</u>。根据福柯的看法，直到中世纪为止西欧社会都把疯狂的人理解为神的使者，他们与常人共同生活，并没有被特别区分开来。

"神灵附身者"就像收音机一样，任务是传达神给世人的信息。疯狂具有魅惑人心的要素，即使时代不断进步，疯狂与理性之间，还是没有非常明确的差异。渐渐地，疯狂的人变成被监禁的对象，**理性和疯狂之间被划出一条线，就此区隔开来，所以疯狂就往所谓的"疾病"方向发展了。**

具体而言，法国波旁王朝通过绝对君主体制，宣布在巴黎设立一般疗养院监禁疯子。18 世纪末开始，疯狂进而被安置于保护设施的制度下。福柯认为，当疯狂被定义为精神病时，精神医学和心理学就此诞生。这代表因为"区别"造就学问。

认知改变，人也会不同？

福柯依历史沿革，对疯狂进行讨论后，接着开始追溯人类知识的谱系，阐明各时代的知识型（知识的结构、思想的基础）。《词与物》（1966）的出版使福柯一夕成名，书中指出，中世纪与文艺复兴时期的知识型很"类似"。举例来说，就像"核桃和大脑很像，因此吃核桃对大脑有益"的概念一样，对于神秘的"类似"思考，就是该时代的"知识型"。

17世纪中叶是"对于对象的分类、整理"的时代，就像笛卡尔通过理性判定对象正确与否的"知识型"时代，此时数学和各种分类学开始发展。尔后，19世纪初发展出经济学、语言学、生物学、人类学和心理学等"知识型"。

福柯说，自此所谓"人类"这个结构就诞生了。当然，生物学上的人类自古以来一直存在，这里说的"人类"是通过崭新的"知识型"所看到的，所以福柯提出"人之死"的说法。未来若"知识型"改变，"人类"也会走到尽头，这并不代表人类会因此灭亡，而是指会出现与过去截然不同的看法。

> **练习思考**
>
> 最近心情低落到不知如何是好……
>
> 上网做了心理咨询评估,"做事不起劲""什么都觉得无聊""睡不好""越来越健忘""人际关系不顺利"。哎呀,我竟然全部都中。什么?评估结果是"你有重度抑郁症倾向",我该不该去看医生……
>
> 以福柯的观点来看,他是否需要担心?

提示!

不用什么事都区分得清清楚楚,那样只会让自己一直往不好的方向走。

解答解说 理性与非理性的区别其实很困难

明明只是有点儿心情低落,却被说成"该不会得抑郁症了吧?"此时,就会突然很不安。有关疯狂,福柯做出排除与封闭等历史性的回顾研究,那是用理性划出一条界线的过程,制造出太多疾病名称,会觉得自己好像每一个都符合,所以一定程度的弹性判断,是有必要的。过去想要激励心情低落的人时,多半会叫对方"加油",但现在比较偏向不过度鼓励,以免造成对方更大的压力。

社会进入"小叙事"时代

利奥塔 Jean-Francois Lyotard

后现代

> "大叙事"已然终结，之后是"小叙事"的时代。

🗾 法国　　💬 大叙事的终结　　　　1924 年—1998 年
📖《后现代状况》

确立"后现代"一词的人

"大叙事"，例如马克思主义

　　利奥塔是法国的评论家、哲学家，一开始他以融合马克思主义和现象学为目标，后来因为法国五月革命，转而发展出**后现代思想**。进入 20 世纪 70 年代以后，新思潮在法国登场，代表人物有福柯、德勒兹（Gilles Deleuze, 1925—1995）、瓜塔里（Félix Guattari, 1930—1992）、德里达（Jacques Derrida, 1930—2004）等人。最初，这些人被视为后结构主义领域的学者，现在则称为后现代主义，利奥塔在《后现代状况》一书中，就把这个用法确立了下来。

"长篇"故事结束了……

话虽如此,后现代指的到底是什么呢?利奥塔说,后现代的特征就是**"大叙事"**终结后的思想。所谓"大叙事"是"中途虽有迂回波折,但整体社会终究会往好的方向发展",例如,所谓**"理性会发展、历史会进步"的进步史观**,还有**"历史必然会从资本主义往社会主义发展"的马克思主义史观**,等等。这些思想认为历史发展的路数是固定的,因为先有故事情节,所以利奥塔称之为"大叙事"。

利奥塔说,但那些宏大的故事该结束了,接下来会有无数的小故事,像是"和朋友吃了拉面""去了迪士尼乐园"之类的琐事(是真的呀,这些事不是比较重要吗?)。

努力读书,考进名牌大学,再进入大企业任职,有朝一日功成名就,这是"大叙事"的个人版。但这种观念也可能慢慢瓦解。另外，所谓幸福就是进入好大学、好公司，之后顺利升迁出人头地，以及成为有钱人就是幸福的这些想法，也算"大叙事"的一部分吧！然而，随着时代的演进，这类价值观也会随之消灭，因为每个人都有自己的故事，都活在个人的"小叙事"里。

利奥塔称之为对大叙事的不信任，这是现代正在发生的状况，有时也被称为后现代情境。所谓的后现代，可说是在该情境下，对于人类应该如何活下去、怎样在其中找出"新叙事"，甚至没有叙事也能继续生存的思考架构。

后现代并非一种普遍性的思想（任何时候、任何人、任何地方都能通行的理论），因为各种意见交杂纷呈，所以要对它有整体性的了解是很困难的。所谓知识，原指改善社会、交换意见、建构共识的意思。但利奥塔认为，后现代社会因价值观的多元化，知识已变成具有信息交换价值的商品。

于是，知识不再是提高自身教养与能力的工具，而要通过情报的交换带出彼此的利益。但是在资讯泛滥的社会，要让自己的感性更敏锐，提高资讯解读的能力，是相当辛苦的。

> **练习思考**
>
> **成功才是人生的目的!**
>
> 财富是成功的标志,世界在不断进步中,成功者与失败者都具有决定性作用,所以为了成功,必须自我启发。人生的目的就是要登上巅峰,用积极正面的态度获得成功!今天的研讨会就是通往成功的入口,只要参加下一次的研讨会,你肯定会变亿万富翁。来!参加费50万元。
>
> 依利奥塔来看,这是不是一场骗局?

💡 提示!

那是针对资本家有利的"大叙事"史观,所以我们应该具备一双批判的眼睛。

解答解说 不以成功为目的的时尚哲学

过去的政治思想都朝着某个目的行动,重视是否有效,但是在现代社会,往某个目标迈进的"大叙事"已经结束了。或许"朝目标迈进,获取成功"的生存方式,一直以来都是资本主义这个"大叙事"操纵的结果……

人想经由金钱和权力确认自身定位(身份认同)的想法可以理解,但这是否也已经过时了呢?

消费时代，商品成为一种符号

鲍德里亚 Jean Baudrillard

社会哲学　符号学

> 何谓以"符号"（品牌）来表现差异性的消费生活？

国 法国　说 生产的终结、差异　1929年—2007年
著《消费社会》

何谓"生产的终结"？

从生产时代转向消费时代

根据鲍德里亚的分析，**在现代的消费社会，人们将商品当作符号来消费**。举例而言，过去购买洗衣机时会考虑是否洗得干净。但曾几何时，设计和颜色越来越丰富，形状也变得更多样化，还增加了许多不大知道用途的按键。原本只要洗得干净就好，后来除了洗净力的考量之外，也加入许多不同的采购标准，像是什么品牌以及是否符合房间的氛围等。

在这种消费社会里，**商品形象能满足买家的"地位"到何种程度，就成了消费魅力的所在**，只要看看汽车或智能手机，就可了解现代商品的这个特征。

鲍德里亚用**"生产的终结"**来表现这种情况，商品不再是物品而是变成了符号，和功能比起来，与其他产品之间的**差异性**（魅力）越来越受到重视。商品的意义，不再是花费其中的劳力密集度，也非该商品所占的成本。名牌也不见得绝对比无名厂牌的品质好。

　　因此，可用生产观点来分析的近代社会已然结束了。那么，"生产终结"后的消费社会，又具有怎样的特征呢？与生产时代不同，消费时最重要的是商品的魅力。在生产的时代，象征社会的是工厂、铁道等粗犷之地，现今却是精致陈列着大量商品的药妆店和购物中心，这就是为了展现与其他商品差异化所做的努力。

大家都有就不再是名牌了吗？

鲍德里亚将维持生活"需求"的用品和追求社会地位差异的"欲望"区分开来，肚子饿了买面包是"需求"，为了显摆而买精品西装则是"欲望"。他认为"欲望"所消费的是表现自己与众不同的符号象征。

消费社会的人们所消费的不仅是物品的机能或功效，如同过去的贵族一样，更在于夸示自己的社会地位，追求与他者之间的明显差异。例如，"我在六本木穿的是阿玛尼西装，戴的是劳力士手表喔！"这就是一种符号表现。

如此，==对于符号论的消费欲望（想要买名牌精品！），使消费财富转换为机能财富和符号财富的结合==。也就是说，"因为天冷而穿衣"的机能上，附加"时尚"的概念，而且随着消费欲望更大幅度地往符号财富方向倾斜，使财富更加符号化，消费社会遂成为符号的体系。

体现如此行为模式的是想向上爬的中产阶级，这个阶级的行为以追求与他者的极小差异为目标，最后就消解彼此的差异性，创造出同质性（例如，我们每个人都有LV喔！）。

> **练习思考**

拥有名牌就是人生赢家吗？

这是 GUCCI 和 LV 的包包，鞋子是爱马仕和香奈儿的，开奔驰车或法拉利的人好酷！什么？你说我是炫富的女人？什么包包和鞋子能用就行了、车子能开就好了？你这笨蛋，要跟别人不同才有快感！咦？奇怪……这张信用卡怎么不能刷了……

若从鲍德里亚的观点来看，这人是随着什么起舞呢？

💡 **提示！**

不注重商品的实用性，只想用品牌来展现自己与众不同。这是消费社会的特性，要特别注意！

解答解说 你真的需要那个东西吗？

炫耀名牌服饰、包包、手表等，是强调消费"差异"的行为。消费似乎成了一种宗教，XX名牌教就此出现，或许巴黎、米兰的精品收藏就像是种宗教仪式。假如真有那种消费实力，想沉溺于该符号的名牌宗教也不是不可以，要是口袋不深下场可是很悲惨的。此时，不妨用苏格拉底、柏拉图、亚里士多德等古典哲学家的思想让头脑冷静一下比较好。

一切都是"欲望的机器"？

德勒兹 Gilles Louis Réné Deleuze、瓜塔里 Félix Guattari
后现代

> 拉出一条逃亡线，寻求多元价值。

国 法国　说 偏执、分裂　　　瓜：1930年—1992年
　　　　　　　　　　　　　　德：1925年—1995年
著《反俄狄浦斯》《资本主义与精神分裂（卷2）：千高原》（皆合著）

以机器的概念来理解资本主义

一切都是"欲望的机器"？

　　结构主义以弗洛伊德的精神分析为基础，后现代思想也在这条延长线上，但德勒兹和瓜塔里却批判弗洛伊德理论，共同书写了《反俄狄浦斯》和《资本主义与精神分裂（卷2）：千高原》两本书，展开他们独特的后现代论述。

　　我们将世上各种存在分类，有机物与无机物、植物与动物等，德勒兹和瓜塔里却把自然和人类放在同一水平上思考。此外，他们把弗洛伊德的潜意识从"心灵背后的存在"重新诠释为"我们生存的整体世界"，在那个整体世界（潜意识）里，无数的欲望机器彼此联结、断裂，蠢蠢欲动着。

游牧思维，是在说什么啊……

精神分裂、偏执狂这些用语，以前流行过！

"欲望的机器"是无数个流动的"分子"，它们集散、离合，生产出生物与物质、社会制度，以及各种生产物。这并不是单纯的世界是机械结构的唯物论，而是"整个世界都是潜意识世界"这样有些奇特的论点。潜意识（在此指全世界）是一个巨大的整体，是由无数分子所组成的"欲望机器"，所到之处都是混乱（好比电脑突然宕机）。

再则，所谓的"<u>无器官身体</u>"，就像欲望元素般的东西，和人类的身体器官接触时，就会以食欲或性欲等具体的欲望形式呈现。

以线条重新切割僵化固定的思想

相对于黑格尔（参照第96页）和马克思（参照第122

页）的历史区分法，德勒兹与瓜塔里将历史分为三个阶段，包括三大社会机器：①原始土地机器（原始共产制）；②专制君主机器（专制君主国家）；③文明资本主义机器（资本主义制）。

①是"符码化"（建立关系），②是"超符码化"（在①上加上法律，建立金字塔序列），接下来的③是"解码化"（①和②交替，产生经济的变动），各阶段的主角分别是①土地→②君主→③货币。

资本主义是"欲望机器"的最终目标，它会煽动欲望使人们产生对新事物的兴趣（例如智能手机不断推陈出新）。根据他们的理论，窥探潜意识的作用是一种精神分裂症（schizophrenia），在精神分裂症发作的前期，分裂作用会表现在艺术、技术等创造性的活动，或股票、不动产买卖之类较为自由的活动上。

分裂的作用在资本主义阶段具有创新的价值，分裂有如块茎（rhizome）般扩散。块茎与树状（tree）不同，并非系统性地发展，而是有如菌类的根部一般，以无中心形态向外扩散。

相反地，偏执狂（paranoia）却会统合性地掌握事物，属于执着的类型，偏执者拼命努力，所以能累积财富。而资本主义属于游牧思维（nomad），会不断地开发再开发，所以可以持续煽动欲望。

> **练习思考**
>
> 你知道"精神分裂"和"偏执狂"的差别吗?
>
> 我是个五十几岁的自营商,最近常想起过去,例如学生时代的事。那时,电车上的吊挂式广告上写着"精神分裂、偏执狂"的标语,感觉很有哲学氛围呢!当时还没有智能手机和电脑,没办法马上查是什么意思,所以是要违抗上司命令或想做什么就做什么,一切都很自由的意思吧!
>
> 这个人误解了什么吗?

💡 **提示!**

现代思想不断发展出新概念,所以或许不是你想的那么单纯。

解答解说 过去要精神分裂,现在要像偏执狂般生活吗?

这里的精神分裂指的是想到新点子或新发明时的状态。忽然瞥见潜意识(世界)的人,就被认为具有精神分裂的特征,而处于另一极端的是偏执狂,其症状是表现出对事情的执着。德勒兹和瓜塔里主张,在资本主义世界里,不要受制于特定的价值观,应该要像精神分裂者一样,试着从各个角度获得不同的体验。但是仍要注意,不要没头没脑地突然提离职,还说什么"我要用精神分裂的态度过生活,我是游牧民族"之类的话喔!

真与假，无法一线区隔

德里达 Jacques Derrida

后现代

> 真与假，无法一线区隔。

国 法国　说 解构　　　　　　1930年—2004年
著《声音与现象》《论文字学》

复制会影响原创

何谓"解构"？

　　德里达以"解构"一词闻名，但若直接去读他的思想解说，恐怕也不甚了了，因为"旧哲学 VS 新哲学"的战争一直持续进行，而德里达就是批判旧哲学思想的哲学家，也就是说想要理解他在说什么，基本前提是必须对哲学史有所认识。不过不要紧，若是把本书从头读起的人，应该已经掌握了哲学史的整体流变，足以理解"解构"的含义。

　　说起"旧哲学"（从苏格拉底到黑格尔），它的大致内容是："真实存在于某处，其复制品四处泛滥着，所以让我们一起追求真实吧！""有所谓真实的爱，但这个是假的，"所

> 这是德里达式的错位扣法!

> 你的扣子扣错了!

以我们来找寻找真爱吧!"上述思考问题的方式就是所谓的旧哲学(这是比较受欢迎的)。

但新哲学去除了真品和假货的区别,就像原本单眼皮的人,黏上厚厚的假睫毛,戴上美瞳,让眼睛看来又大又有神,若根据旧哲学观点,会说"素颜才是真品,用假睫毛和彩色镜片弄出来的脸是假的。"

再进一步假设,若某人在变美的过程中美感能力提升,也开始控制热量的摄取。然后因为瘦身成功自然地变成双眼皮,眼睛也变大,这样她就不再需要假睫毛和美瞳了,此时**赝品便影响了真品**(这从头到尾只是比喻而已)。

德里达认为"**真理和虚伪**""**本质与外表**""**正常与异常**""**原件与复制**"之间并没有办法区隔划分,过去的哲学

（指古代至近代为止的哲学）明确划分黑与白，称为"二元对立"。而德里达的"解构"就是要拆解"二元对立"观念。通俗来说，人们会认为"真理""本质""正常""原创"应该受到重视，而复制就像赝品一般。但事实上，原创会受到复制品的影响，所以"二元对立"的阶级秩序就被颠覆了。

旧哲学为什么受到批判？

古典哲学以"清晰可见之物"（即呈现在眼前的东西）为基础，建立了理论体系，笛卡尔"我思故我在"的"我（＝自我）"也是清晰可见的根据。然而，德里达却认为那样的哲学是在"自言自语"，就是因为有"清晰可见的我才是真品"这样的观念，才制造出二元对立（会变成形而上学）的结果。德里达连无法质疑的真理，都用"痕迹"这样的用语来表现。

世上没有任何东西本身就是全然正确的，一切事物都受到某些影响，故称为"痕迹"，虽然人会认为"自己最了解自己，我就是我。"（具有自我同一性）。但是，因为这个自己已经受到某些事物的影响，便不可能像 A=A 这么单纯。当人说出"这是绿色的"那一瞬间，真实的绿色就已受到语言的影响了。德里达连自我同一性都予以否定，彻底批判了过去的古典哲学。

> 练习思考

读书是为了追寻真实，不是吗？

要了解一个人的想法，阅读他的著作是最好的方法，仔细阅读应该可以完全了解作者的思想。什么？你说柏拉图的《理想国》吗？嗯，只要读了，就能了解他真正的思想才对……怎么回事？查了以后，竟然发现每个学者对柏拉图的解释都不同！我想直接了解柏拉图本人是怎么想的。

若以德里达的观点来看，此人的谬误之处是什么？

提示！

作者本人所拥有的真实与书写来的复制品，这种二元对立的观念会造成混乱……

解答解说 不可能把"痕迹"复原为"真实"

我能理解人会想要把书写的文字（文本）还原成最初的真实。但是在阅读过程中，书写者的解释已经介入其中。假如柏拉图的真实，确切保存在某个异次元中当然很好，但其实留存下来的只有文章本身而已。书籍并无法"代理"柏拉图的真实思想（柏拉图真实的声音＝话语/parole）。在阅读过程中，书写、标记之物（écriture）因为时空变迁，衍生出各种解释，所以"书写的东西比较有价值"，也就是文字的复权受到强调。

什么是"真正的马克思主义"

阿尔都塞 Louis Althusser

马克思主义　结构主义

> 若从这里切入，马克思主义尚有许多可用之处。

国 法国　说 认识论的断裂　1918年—1990年
著 《读＜资本论＞》《保卫马克思》

重读马克思

"真正的马克思主义"

　　阿尔都塞是法国的马克思主义哲学家，他找出马克思主义新的可能性。阿尔都塞认为马克思的思想可分为前期与后期，将二者混为一谈是不行的。

　　来做个假设吧！在《蜘蛛侠》的电影预告之后，核心的《蝙蝠侠》才要开始。若让两部同时演，就会大混乱吧！阿尔都塞发现马克思最初的理论（**初期马克思**）和年岁渐长后的想法（**后期马克思**）不同，他指出后期才是重点，并主张"如此想来，马克思思想还大有可为呢！"

　　众所周知，1991年苏联解体后马克思主义在东欧就失

认识论的断裂!

势了。但法国哲学家阿尔都塞试图通过结构主义的方法，重新审视马克思主义，并确立马克思主义作为科学一环的地位，试图打一场马克思主义的败部复活战。

过去的马克思主义给人必须努力革命，往共产主义方向发展的印象（**人文主义式的**），阿尔都塞却认为，科学性地分析隐藏在资本主义社会内的结构之作《**资本论**》，才是真正的马克思主义的精髓（**非人道主义式的、科学性的**）。

1845年以后的马克思和年轻时的自己分道扬镳，完成其巨著《资本论》，所以年轻时的马克思和年长后的主张完全不同。阿尔都塞将此称为"认识论的断裂"，经过断裂期，真正的马克思诞生了。

舍弃人文主义，成为科学理论

阿尔都塞重新诠释马克思主义，也就是"==多元决定论=="。马克思认为下层结构（经济基础）会反映在上层结构（意识形态），也就是经济决定论。但阿尔都塞认为，一个事件的发生并非由单一矛盾（原因）产生，而是由复数的异质矛盾（原因）所决定的。

因此，==他切掉前期马克思的人文主义层面，重新以结构主义来审视，遂使马克思主义变成一种科学性的理论，可通行于任何时代==。这是马克思主义至今仍被视为有效的缘故，他不只是阅读马克思的《资本论》而已，更把这本书视为新的哲学来重读。

一般来说，马克思思想认为历史发展自有其公式（参照第122页），但事实上，世界的运作并非如此，因为也会发生出乎意料的事。即使发生贫富差距的矛盾，只要政府适当地介入调整（例如实施社会福利政策），就不一定会引发革命。

因此，阿尔都塞拿掉马克思主义中无产阶级解放以及恢复被异化的生产力与生产关系等实践性部分，使得马克思主义的后续讨论成为可能（虽然还是有不少反论）。总之，就像电影的加长版一样，可享受从不同角度探讨同一哲学的乐趣。

> **练习思考**
>
> **什锦炸物和鸡蛋，只能配荞麦面吗？**
>
> "什锦炸物和鸡蛋一定要加在荞麦面上！没有其他搭配！"
>
> "是啊……"
>
> （一个礼拜后）
>
> "在乌龙面和酱汁上，加上什锦炸物和鸡蛋的话，炸物就会吸收乌龙面的汤汁……"
>
> "但你之前不是说一定要加在荞麦面上吗？"
>
> 从阿尔都塞的角度来看，这样是 OK 的吗？

💡 **提示！**

思想是逐渐变化的，不过也有可能发生突如其来的改变！

解答解说　人的想法不必连贯

我们可说，人与历史的今昔想法是相互连贯的。但有时也会因过去与现在差异太大，而产生"到底哪边才对"的争论，这时候只要断然承认："嗯，思考发生断裂了耶"，就可以用新方法来判断。

马克思年轻时采取人类可以转动世界（人文主义式的）的立场，后来却从机制论的角度重新对世界做出诠释，所以经历了断裂期，要从荞麦面变成乌龙面也没有关系！

为什么会出现独裁者?

汉娜·阿伦特 Hannah Arendt

政治哲学

> 没有思想，会制造出罪恶。

国 德国　说 极权主义论　　　1906 年—1975 年
著《极权主义的起源》

以人的身份而活

为什么会出现独裁者?

　　德国的汉娜·阿伦特是第二次世界大战后活跃于美国的政治思想家，1924 年她 18 岁时，曾受教于海德格尔。海德格尔执笔《存在与时间》期间，两人陷入热恋，最后未能修成正果。后来，<u>海德格尔成为弗莱堡大学校长，并在就职演说上表明支持纳粹的立场</u>。深受打击的汉娜·阿伦特就离开德国流亡海外。二战后，曾支持纳粹的海德格尔失去了他的工作，直到汉娜·阿伦特 44 岁，海德格尔 61 岁时，两人再次重逢，并在哲学上相互扶持，成为毕生的学术伙伴。

　　汉娜·阿伦特的思想是在海德格尔与雅斯贝尔斯的影响

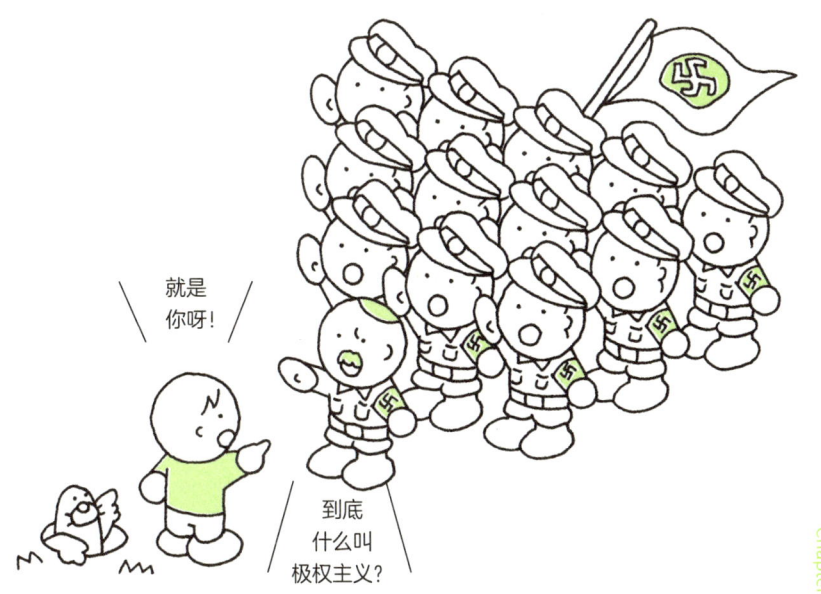

下形成的，她在《极权主义的起源》(1951) 一书中对纳粹展开论述，书中指出，**失去归属感、感到孤立无援的大众，会在纳粹的种族意识形态中，追求自身的存在感**。

汉娜·阿伦特说，人并非以单一个体存在于世上，而是有许多复数的个体（**复数性**），不过每一个人都是独一无二的，不能全部混为一谈。但在这个与他人共享的公共性社会中，个人不同的生活方式都会向外扩散，进而影响他人，所以当公共性失控时，**极权主义**就会兴起。

大家都变蠢蛋，就会法西斯化了吗？

众所皆知，能自由交换意见，参加共同活动，人的个性与能力才可得到发挥。但人类共同的根本只是食欲等生存本能（<mark>共同的本性</mark>），于是会倾向把事情委托他人来代理，所以像希特勒那样的独裁者就诞生了。

此外，汉娜·阿伦特把人类活动力分为"<mark>劳动（labor）</mark>""<mark>工作（work）</mark>""<mark>活动（action）</mark>"三类。"劳动"是为了吃、喝、御寒等维持生存所需而进行的必要活动；"工作"则是生产物品的行为；"活动"是指通过言论参与政治的行动。除了"劳动、工作"以外，还要加入"活动"才是符合人类保有尊严的生活，为了达成这个目标，必须要学习有思想性的事物。

现代人对思想没有兴趣，抱持着"思想什么的，没有意义""想那些也没有用"的心态，一味追求享乐。因此，不思不想的人增加了，在不知不觉中，善恶也变得不清不楚，希特勒就这样出现了。

<mark>当大众把一切交给独裁者处理，自己就成为共犯结构的一员</mark>，不能说自己什么都不知道，就不用负责吧！所以汉娜·阿伦特认为多数意见的共存非常重要，在一个能自由对话、自由参与共同活动的社会，人的个性和能力才能得以发挥。

> **练习思考**
>
> 我对思想和政治没兴趣！
>
> 我没什么思想，对政治也没兴趣，每天只要开心过日子就好了。我只想工作、赚钱、享乐而已，谁来搞政治都一样不是吗？那些困难又麻烦的事，交给政治人物就好。政治哲学？那是什么东西？政治的生活方式吗？哎哟，没兴趣！
>
> 依汉娜·阿伦特看来，这个人糟糕的地方在哪里？

提示！
没有思想就是自寻死路，你怎么没注意到呢？

解答解说 对政治哲学没兴趣会怎样？

"凡事只要好玩就行了""只要能够享乐便可"，这种以个人利益为先的人若变多了，文化就会低俗化，缺乏教养的人增加。个人事务优先化的结果将造成公共性的崩解，大众将不再阅读，也不再思考，最后就会被聪明的人洗脑并且被控制，这时候独裁者就会出现。所以务必从本书开始，多涉猎一些思想才好。

用符号来解读世界

罗兰·巴尔特 Roland Barthes
符号学理论

> 哲学也能拿来谈论流行时尚。

- 国 法国
- 说 文本、符号
- 1915年—1980年
- 著 《流行体系》《符号帝国》

用符号来解读世界

为现代思想创造绚丽语汇的人

　　罗兰·巴尔特是法国的评论家，主要研究范畴是文艺评论，也涉及神话、符号、电影、摄影等整体性的文化表现。他的理论基础是索绪尔的结构语言学，并运用符号学解读世界，使"文本""书写""话语"等现代思想基本用语蔚为风行。

　　巴尔特提出"作者之死"的概念，造成重大影响。一般来说，文学作品多被理解为作者思想的呈现，作品位于作者这个主人的支配之下，读者必须通过作品来了解作者的思想。

富士山

神社

武士

日本的符号是自由自在的——

舞伎

寿司

罗兰·巴尔特

　　但是，巴尔特却主张这观念是近代特有的发想，而且已经过时了。在"作者之死"的概念下留下的，并非"作品"，而是"<u>文本</u>"。文本一旦离开作者之手，经读者的仔细阅读，就会得到深化，<u>文本表现的并非作者内心的真实，新生命通过阅读才被创造出来，所以文本是被加工过的东西</u>。读者才是真正的支配者，经由读者的阅读，文本才能独自迈步前行。

　　文本有编织物的含义，就好像持续被编织不断扩大的织物一样，而且这种发想并不止于文字，巴尔特也展开了他的摄影论。他认为摄影的本质是"曾在"，而我们能够知道的，只有此刻存在此处的照片而已。

用哲学谈论时尚

像纺织品的东西不仅限于文字，所有文化皆是如此，巴尔特在《流行体系》中分析了服装时尚，**他从设计师自由发想产生的符号（服装）来看，那究竟具有怎样的含义。**

例如，巴黎时装周女性若穿着以"动物"为主题的名牌服饰，其符号就和"野性"形象连接；若是以"有机"为主题的绿色植物系设计，应该就是"环保或自然"的符号了。

此外，巴尔特也曾在日本待过一段日子，所以他写了《符号帝国》，符号学的观点是：比起符号本身，它所要表达的意义比较重要。（例如，红绿灯的红，重要的不是颜色，而是"停止"之意。）

但是，**来到日本的巴尔特很惊讶符号的意义竟然被切割开来，它们被自由、任意地制造着。**歌舞伎的女旦既是女性又非女性，脸谱的意思也暧昧不明；东京明明是个大都市，但位居中心的却是皇宫这个非都会的空间，所以符号与意义之间并无联系。

他还说天妇罗的面衣就像时装周上的纺织品符号，其松脆的表面只是为了被吃而存在的，巴尔特也赞叹寿喜烧的盘子是开场，锅子则有如绘画一般。各种食材无须依照顺序，高兴先吃哪个就吃哪个，真是太有意思了……尽管这些理解有些许谬误，但我们还真得感谢巴尔特对日本的偏爱呢！

练习思考

> **跟流行没意义吧？**
>
> 真搞不懂时装秀有什么意义，根本没有人会那样穿！模特儿化了妆，看起来长得都一样，头上的饰品真夸张，而且背上竟然还黏着羽毛，到底想要干吗？那样装酷耍帅，会肩颈僵硬吧！我还是觉得UNIQLO最好。
>
> 要如何用罗兰·巴尔特的理念回答他呢？

提示！

流行时尚自有其符号性意义，就算穿着UNIQLO也在发送某种信息。

解答解说 流行与符号

时装秀上发表的新作，是符号学的实验品，以此为本，每一季的展品都会被重新设计成适合民众在日常穿搭的服饰。在巴黎、米兰时装秀展出的概念和主题，其"符号"的部分都会被保留下来，然后拿到服饰店去贩售。秋冬展品的主题若是"光"，传达的就是"耀眼女性"的符号，而UNIQLO所发出的，可能是"我喜欢休闲、我很自由"等信息吧！

复制让美好消失

本雅明 Walter Benjamin
法兰克福学派

> 复制技术，让"唯一"的美好消失了……

[国] 德国　　[说] 灵光、法西斯主义　　1892年—1940年
[著]《巴黎拱廊街》

灵光消逝的年代

反正有网络，错过了又如何？

　　法兰克福学派的本雅明，思考复制技术时代的艺术形式问题，他使用了"灵光"这个用语。所谓"灵光"，是艺术理论上的概念，意指宗教仪式对象具有的绝对性庄严，而"那个人很有气场"的说法，也是源自其光辉的意象。根据本雅明的论点，"灵光"是仅此一次的现象，例如登山或散步等，都是只有当下、无法重现的体验。

　　不过历经文艺复兴运动后，就像被置入框架里的绘画那样，能自由创作的作品增加了。不久，摄影和电影这种可复制的艺术也随之登场，于是灵光就完全消逝了。本雅明说，

要想通过在零碎的场景拍摄中制作出可无限复制的、电影上期待的灵光的出现是不可能的。

和本雅明的时代比起来，我们拜当时尚未出现的数码摄影与录像技术所赐，有了越来越多的复制工具。我们不再有过去那种"假如错过就再也看不到"的危机感，但"灵光"也因此消逝无踪了。

数码机器的发达，可以对抗法西斯吗？

话虽如此，本雅明并非感叹这是一种"堕落"的现象。他认为，失去了仅有一次的感动虽然令人悲伤，但这<u>若与政治联动，将会产生巨大的变革</u>。

本雅明采取共产主义的立场，为了政治革命他试图建构大众与艺术之间的新关系。只要摄影装置够发达就能传递真实发生的事件，就像用智能手机上传影片到 YouTube。此外，印刷媒体消除了作者与读者之间的隔阂，读者可通过报纸等媒介表达意见，现在更由于网络环境的改善，贴文回馈意见也越来越容易。

本雅明以俄国为例，指出观众和素人也能演电影，而"街头采访"之类的电视企划，让一般民众也有机会在媒体上露脸（或许，爱用 YouTube 的人表现得最为极致吧！）。

本雅明认为，媒体若发达，民众就可参与公共事务，如此便可产生对抗法西斯的方法。但是在资本主义社会，媒体却单方面受到法西斯的利用（本雅明在第二次世界大战时曾被纳粹追缉，最后在逃亡途中服毒身亡）。

相对地，共产主义社会不同，在没有"灵光"但能复制的新媒体下，自由的表现可以与政治相连，所以媒体就不会涉及金钱利益了，**现代"灵光"的消逝反而是重建政治与艺术关系的新契机**。本雅明追求的艺术合理性，并非好莱坞明星那种，被大肆吹捧的机制，而是观众与工作人员皆可参与的电影，所以众人共同制作的电影是理想的艺术形式。

练习思考

> **反正有教学影片，就不用去补习啦**
>
> 一群高中生在聊天，"去补习班超麻烦的，我都用智能手机看授课内容。""上网看吗？不错！""因为坐车太累了！""时间都被限制住了，好麻烦！""学校课程以后也用平板电脑上就好了。""没错！考试也用平板考。""那我也不想去补习班了……"
>
> 根据本雅明的理论，这些人应该怎么做才对？

💡 提示！

失去"灵光"，无法集中注意力。

解答解说 实际授课或录影设备都可以

独一无二的光辉、无可比拟的庄严氛围，称为"灵光"。补习班课程可通过录影带再三重复地看，对于学习或许有帮助。但是，教室的实际授课具有仅此一次的"灵光"，就保持"万一漏听这段就糟了"的紧张感来说还是有意义的。

课程中的临场感，用"灵光"提高注意力应该是不错的方法。若依本雅明的观点来看，补习班应该一边利用录影设备让资讯交换更顺畅，同时又用个别指导来保持绝无仅有的"灵光"。

今天的"帝国"到底是什么？

内格里 Antonio Negri、哈特 Michael Hardt

全球化

> 对抗"帝国"这个新敌人的方法。

意大利、美国　　帝国、去领域化　　内：1933年—
著《帝国》《诸众》（皆合著）　　哈：1960年—

何谓全球化？

"帝国"到底是什么？

每个人都会问："现在世界到底变成什么样子了？"，这个答案在 2000 年的《帝国》中获得解答，而解答这个疑惑的是内格里和哈特。20 世纪 80 年代，美国开始帝国化。2001 年 9 月 11 日，发生了"9·11"恐怖袭击事件，于是很多人开始对这本书好奇，认为它预告了"9·11"事件的发生。内格里是意大利的马克思主义思想家，而《帝国》是用左翼角度来说明世界的著作。

书名中的"帝国"与过往的帝国主义不同。所谓"帝国主义"，是资本主义发展的形态，主要特征是对于殖民地的

支配。但是，现今的资本主义和以往不大一样。

那么，这个"帝国"究竟在哪里？其实内格里和哈特并没有明确指称"美国就是帝国"，但几乎所有人都这么理解，事实上这也没有错。不过，"帝国"是包含了美国，且不断扩大的概念，所以不能确切地说"这就是'帝国'"。

美国是一个高度集中的权力体制，所以要说它是"帝国主义"也没错。然而，《帝国》一书谈的是更高层次的问题，并非指有领土、有固定疆界的实体国家。所谓"帝国"，是一种**"去中心的""超越领土的"**支配装置，而且没有固定形式，并不断在扩展中的国家概念。

会变成全球化公民吗？

原本的帝国主义是以本国为中心向他国扩大领土范围的意思。但相对地，"帝国"并没有身处于中心的国家，而是以超越国家制度与世界的跨国企业为节点，形成网络状的权力。

"帝国"本身并没有权力中心，因此，它既存在于一切所及之处，同时又具有不存在于任何地方的虚拟性，所以"帝国"的支配范围也没有疆界，而是一种实质统治全世界的体制，感觉就像网络游戏实际发生在地球上一样。

内格里与哈特等人的思想被解释为"现代的共产党宣言"，其思想论述的是对"帝国"宣战的革命主体。不过，这个革命主体已不再是过去的"无产阶级（劳工）"，而是"Multitude（诸众）"，所谓"诸众"，是指超越国界的网民通过全球化集结所形成的对抗势力。话虽如此，却又不是团结一致的组织，构成"诸众"的，包含了学生、女性、外籍劳工和移民等。任何人都有可能（或许你也是"诸众"之一？），也可以说是网络等媒介的集合体吧！网络世界的"诸众"VS"帝国"之战，或许正在开打呢！

练习思考

> 劳工的阶级斗争是必需的

当市场规模不足时，资本主义国家就会开始发展殖民地政策，这就是帝国主义。美国以世界警察自居，在经济、军事等各方面发展实质的支配行动，也就是一种帝国主义。因为美国就是"帝国"，若想打倒它，就只有发动无产阶级斗争了。

就内格里来看，这人的观念已经过时了吗？

提示！

冷战后的美国已经是帝国了，但帝国是否有更多样化的形态呢？

解答解说 看不到对方，自己也会随之改变？

当国家与国家之间的对立不再，名为"帝国"的巨大政治、经济、军事复合体遂展开单一性的支配。"帝国"没有中心，在无限扩大之中，所谓的外部已然不存在。它一边调节指令的网络，同时又负责管理、运营多重信息的交换，是全球化世界秩序的所在。话虽如此，并非被它支配后就完了，此时反而看见了新的政治主体"诸众"的可能性，内格里和哈特说：未来的反对势力并非传统的左翼运动或阶级斗争，若要对抗"帝国"，必须采用新的战略才行。

用"无知之幕"看到正义

罗尔斯 John Bordley Rawls
政治哲学

> 用"无知之幕"遮住自己，才看得出什么是正义。

国 美国　说 正义、差异原则　　1921 年—2002 年
著《正义论》

关于"正义"

试着罩上"无知之幕"

　　美国政治哲学家罗尔斯批判边沁以来的效益主义（参照第 106 页），效益主义虽然以追求"最大多数者的最大幸福"为目标，但却无视少数派所蒙受的牺牲。所以为了克服社会的阶级差异，罗尔斯提倡<u>自由主义（liberalism）</u>，目标是修正资本主义造成的<u>贫富差距</u>问题。

　　罗尔斯在《正义论》中思考有关正义的问题，他制定出一套能归结众人一致意见并且视为正确的方法。我们每个人的立场、意见不同是很正常的事，因贫富、阶级、人种、民族以及宗教差异，利害关系和社会地位便会随之不同。那

竞争与阶级差异的平衡是很重要的！

么，如何才能在其中找出"正义"呢？

于是，罗尔斯提出一个思考性实验，称之为"**无知之幕**"。若换位思考，价值观也会改变，所以必须试着去思考有钱人、穷人、人种之别，以及不同性别者在幕布遮蔽下的原始状态。罩上了"无知之幕"，就会对自己究竟身处于社会的何种地位一无所知，他相信在此情况下，人人都会选择平等主义。

那是因为罩上幕布的瞬间，有可能是大富豪，但也有可能是超级贫民。只有在罩上暂时遮蔽现状的"无知之幕"时，达成全体共识才可称为正义，那必然会是一个没有贫富差距的社会。

何谓正义？

每个人心中对于何谓"良善人生"的诠释都不同，即便以"善"为优先，也会因宗教、道德、习惯有别而产生对于善的认知差异，有时甚至会产生对立（因为每个人都有他自己对于"善"的定义）。所以，为了实现"公正的社会（<u>公共正义</u>）"，要先罩上"无知之幕"，暂时遮住自以为的"善"，重视公平的分配方式，也就是"<u>对于善的正确优先顺序</u>"。

罗尔斯有两种正义的原则，第一是"公正的机会均等原则"，他认为所有人都平等地拥有最大限度的基本自由（例如，言论与信仰的自由等）。第二个原则是"<u>差异原则</u>"，这是关于社会、经济资源分配正义的问题，必须"进行公正的分配"（均等地分配给每一个人）。

因为是在资本主义下的自由主义，所以某种程度的差异是可以接受的。话虽如此，该差异仍必须以达到社会内"<u>最弱势者的最大利益</u>"为条件。至于那些靠家世背景或个人才能而出人头地的人是因为偶然得利，所以应将蒙受的恩惠与弱势者分享。如此，罗尔斯认为一方面在资本主义竞争社会下，必须认同人们拥有自由的权利，一方面也必须提升资源缺乏者的生活水平。

> **练习思考**
>
> > Liberalism，就是自由的意思吧？
>
> 我非常喜欢自由主义，资本主义就是自由主义，对吧？可以自由创业、不断竞争、一直赚钱，这样活得才快乐！什么？你说社会的阶级差异怎么办？因为是自由主义，差异大也是必然的！这个社会本来就是弱肉强食，所以别再搞什么社会福利或资源再分配之类的名堂了！我的钱也是拼了命才赚来的！
>
> 从罗尔斯的《正义论》来看，这个人的想法有错吗？

提示！

"自由主义"的种类繁多，最终目标是修正阶级差异的自由主义。

解答解说 Liberalism（自由主义）和 Libertarianism（自由至上主义）的差异

Liberalism 被翻译成"自由主义"，包含救助弱者的意思，基于"正义"的原则，罗尔斯理解为"公正"，也就是分配得当的意思。**而批判这种自由主义思想的就是自由至上主义，**这个概念主张个人以正当方式取得的财物，没有义务要分配给穷人。因此，练习思考的内容谈的并非自由主义，而是自由至上主义！

失去希望，会导致死亡

弗兰克尔 Viktor Emil Frankl

意义治疗法

> 无论遇到什么事，人生一定有它的意义！

- 国 奥地利
- 说 追求意义的意志
- 1905 年—1997 年
- 著 《夜与雾》

我为何而生？

失去希望，会导致死亡

  精神科医师弗兰克尔建立了<u>意义治疗法</u>（Logotherapy），这是一种引导人找出自身存在意义的心理疗法。1941 年，第二次世界大战期间，弗兰克尔被德国纳粹送往奥斯维辛，在集中营里生活。此处共收容了 25 万被强制劳动的犹太人与俘虏，据说因为营养失调、传染病、枪毙、毒气等原因，最后多达数百万人在此受虐而死。

  弗兰克尔著有《夜与雾》一书，原本的标题是"某位心理学家在强制收容所内的体验"，在收容所这种被强制的极限状态下，人的精神会如何变化？采取怎样的行动？

此外，在此状态下的人会对什么感到绝望，又要从何处寻找希望？书中的这些问题都与弗兰克尔的亲身经验一起被提及，强制收容所内发生的大量死亡，不仅是因为纳粹的"处刑"所导致的，还包括许多疾病致死与自我了断。

此时，弗兰克尔得到的结论是，当事者的精神状态决定了他们的生或死，这些人不再相信自己有一天能回家，被沮丧、绝望袭击，最后失去活力而亡。也就是说，失去希望的人抗压性会降低，甚至可能会死亡，**特别是当人陷入一种对自身生命已无任何期待的绝望心境时，就容易死亡**，这些都与我们息息相关。

生命对人的叩问

弗兰克尔认为，要防止绝望的人自杀，必须让他期待往后的人生有"某件事"会发生，由此，精神的、身体的能力（包含免疫力）都会得到强化，而所谓的"某件事"，不管是"等待的人"或"等待的工作"都可以，当人意识到自己的责任时就不会轻易放弃生命。弗兰克尔认为人都活在"如何获得幸福""怎样才能成功"这种==自我中心的人生观==之下，这种想法会让人在欲望得到满足后，还会接受下一个欲望的驱使。

此外，人在受苦时会说："为什么我要受这种罪"，弗兰克尔却对这个问题做了一百八十度的翻转，他说人类应该要想："这是人生给我的课题"。==把问题切换成："我为何出生在这世上？""我的人生被赋予了什么意义和使命？"==然后努力找出答案和"生存意义"。

根据弗兰克尔的看法，在我们探问人生意义为何之前，其实它早就把这个问题丢给我们了。我们应该做的是面对人生的各种境遇，相信有"某人""某事"正在等待着自己，同时也要了解为了"某人"或"某事"，也要拼尽全力。如此，就不会感到人生无望，从而能坚强地活下去。

> **练习思考**
>
> 活着真没意思！
>
> 我觉得每天都很无趣又痛苦，为什么只有我这么倒霉……未来只会不断老去、生病，最后死掉，一点儿好事都没有。真的不想活了，这世界上根本没人在乎我，好想死……
> 弗兰克尔该如何帮助这个人呢？

💡 提示！

你有未完成的"使命"，这就是生命的意义。

解答解说 我的人生到底有什么意义？

同样待在强制收容所内，有的人走向死亡，有的人却努力活下来。能幸存下来的人，都有这些共同特征："对未来怀抱希望""思念家人""体贴他人""重视与崇高存在（神或信仰）之间的关联"等。这表示**精神层次较高、较丰富，并且永不绝望的人，才能存活**，所以绝对不可以放弃。只要坚持下去，向生命说"YES"的那一天终究会到来。

想辨明真伪，使用符号逻辑就够了
罗素 Bertrand Arthur William Russell
分析哲学　逻辑学

> 使用符号逻辑学，即可辨明真伪。

国 英国　　说 谓语逻辑学　　　　1872年—1970年
著《数学原理》（与怀海德合著）

逻辑学是什么？

用数学来表达语言

　　逻辑就像思考公式，希腊哲学家亚里士多德是逻辑学的创始人，"A等于B，B等于C"，所以"A就等于C"。这种**三段论法**，就是根据亚里士多德的理念得来的。之后，逻辑学的研究有了飞跃性的进展，直到20世纪前半叶，拜数学家的研究方法所赐，新的逻辑学诞生了，维特根斯坦（参阅第244页）的老师罗素在这个领域建下伟大的功绩。

　　罗素建立的逻辑学被称为**逻辑原子论**，他把原子一个个联结起来，再将组合了各个命题的文章符号化，称为**符号**

逻辑学，后来他与怀海德[*]合著的《数学原理》可谓集大成之作。符号逻辑学分为**命题逻辑学**及**谓语逻辑学**两类，命题逻辑学主要关注命题的肯定、否定，以及命题与命题接续的"接续符号"，进行语言的符号化。

例如，把"现在是四月"的命题视为 p，将"有开学典礼"视为 q，再用表示假设的箭头"→"这个"接续符号"连接起来，就形成"p→q"的关系，意思是"假如现在是四月，就会有开学典礼"。接下来，暂且不管 p 或 q 的意思，只计算 p 与 q 符号关系的真（T）伪（F）。

而所谓谓语逻辑学，则是**把"某某"当作主语，将其他**

---

[*] 怀海德：Alfred North Whitehead，1861 年—1947 年，英国数学家、哲学家，罗素的老师。

东西全都视为谓语的逻辑学，在谓语逻辑学中，假设有个句子是："所有的人类都是动物"，若将此谓语化，就可改说成"关于所有（∀）的 x，假如 x 都是人类（H）（→），该 x 就是动物（A）"，然后就可用 ∀ x（Hx → Ax）的符号来表示。逻辑学就是用数学算式简化语言以便于思考的工具。

如何解决悖论的问题？

罗素把阶级概念导入逻辑思考，借以分析**悖论**的问题，所谓悖论，是指前提看起来正确，但经实际推论后，结果却是矛盾的。例如，自古以来一直流传着"**克里特人的悖论**"这句话，假设有个克里特人说："所有的克里特人都是骗子。"他也是克里特人，所以"所有的克里特人"也应该包括他在内。如果他的言论是真的，那么"所有的克里特人都是骗子"便是假的，但既然他说的是"真的"，那所有人都是骗子却又不包括他自己。如此这般，又会回到最初，不断地重新循环……

罗素认为这种情形之所以会发生，是因为犯了以下的谬误："**包含了某集团所有的成员，当事人也必然身在其中。**"换言之，此命题适用于全体克里特人，但叙述者本身即隶属于该集团成员，所以产生悖论。

罗素不但在符号逻辑学的领域很活跃，也留下各种不同的贡献，第一次世界大战开始就成为和平反战者，积极参与和平运动，二战期间也和爱因斯坦共同提出禁止核武器的诉求。

> 练习思考

> **什么是装得进所有袋子的袋子？**
>
> 　　我在网上买了一个"装得进世上所有袋子的魔法袋"，有了这个，打扫房子就更轻松愉快了。总之就是把所有东西塞进小袋子，最后再放入这个袋子就好。啥？你说："装得进世上所有袋子的袋子，是否也要放进那个袋子里吗？""嗯，这我要看一下使用说明书……"
>
> 　　就罗素的观点来看，此人陷入怎样的矛盾之中？

提示！

"装得进世上所有袋子的袋子"，这件事本身就有矛盾。

解答解说 看似无误的道理，其实隐藏着悖论

　　"装得进世上所有袋子的袋子"应该也包含在世上的袋子里，所以它也必须被放进袋子里面。但是这样的话这个袋子就不见了，所以还是得从"装得进世上所有袋子的袋子"里，取出那个"装得进世上所有袋子的袋子"。可是这样一来又和"装得进世上所有袋子的袋子"的定义矛盾，便再把它装进去……（以下重复）。在小学的教室里，老师说："不可以在教室里说话。"却有调皮鬼回嘴："咦？老师你自己不是也在说话吗？"

语言的限度就是世界的限度

维特根斯坦 Ludwig Josef Johann Wittgenstein
分析哲学

> 无法说的事，就只能保持沉默。

国 奥地利　说 语言游戏　　　　　1889 年—1951 年
著《逻辑哲学论》

哲学的难题消失了吗？

语言的限度就是世界的限度

　　维特根斯坦写了《逻辑哲学论》后就暂时从哲学世界引退了，因为他认为这本书已经解决了哲学的一切问题。所谓一切的问题，感觉好像"从希腊时代苏格拉底开始全部都解决似的，哲学史就此终止"！

　　就逻辑性地分析语言本身来说，维特根斯坦哲学与过去的哲学完全不同，一直以来，哲学的发展都在批判过往的哲学，例如"亚里士多德批判柏拉图哲学"，哲学就是以这样的形式发展而来的。

　　然而，哲学是由语言建构起来的，假如语言使用有误

就会全盘皆错。维特根斯坦判定<mark>过去的哲学在语言使用上犯了逻辑性的错误，因此全部出局</mark>，也就是说"人生的目的何在""生存意义何在""人应该做什么"等问题本身就充满谬误。

支持《逻辑哲学论》的逻辑体系就是"**图像理论**"，他认为世界和语言就像铜板的正反面是无法分开的。语言和世界具有并行关系，假如语言能精确地表象世界，那么分析语言的使用方式就能知道对世界的理解是否正确。相反地，运用怪异的语言表现，那么句子本身就没有意义了。

"真的有命运吗""何谓爱""为何活在世界上"等问题，若根据"图像理论"来看，并没有能和语言对应的对象，所以这些问题本身就诡异而且不具意义。

如此，迄今为止所有的哲学都被否定了，什么都没有剩下，再继续讨论过去的哲学（形而上学）也没有意义，所以在《逻辑哲学论》的最后，维特根斯坦下了这个结论："对于无法说的事，应该保持沉默。"

语言，因为被使用而有意义

维特根斯坦因为哲学问题已全部得到解决而暂时从哲学界引退，但后来又跳出来说《逻辑哲学论》的内容有误，然后否定了自己的学说。他认为，语言并非在对应某对象时产生意义，而是在特定的生活形态下决定语言规则，所以他开始分析日常语言。

例如，分析"痛"这个词汇时，好像也只能说"痛"而已，但是我们知道"痛"会出现在哪些日常生活的对话中。例如，吃日本料理时，若说"把'那个'拿给我"，指的是酱油，而吃烧肉指的就是蘸酱！所谓的"那个"，会在特定状况下发挥应有的功能，所以维特根斯坦把语言的使用方式称为"**语言游戏**"。从此哲学的功能不再是"烦恼咨询"，而是转换为语言分析了（分析哲学）。

练习思考

> **不是语言，是心灵！**

语言是很表面的东西吧？重要的是心灵有所感受，然后再贴上语言的标签而已，所以语言是次要的，即使沉默，也能传达情感，内在感受到的东西才是真实。你说什么？我在表达这些概念时，也使用了"语言"……

就维特根斯坦的立场来看，这个人犯了什么谬误？

提示！

"不说出口你也能懂吧"，这件事本身就矛盾。

解答解说　所有一切都是由语言构成的

大多数人认为内心的真实与语言是不同的东西，但站在分析哲学的立场，思考和语言是表里一致的，所以使用语言就是在进行哲学思辨。而且语言就是思考，这个论点与过去的哲学（超越语言，追求真实）大不相同，方法上也有所不同。话虽如此，用语言来分析语言，接着又继续用语言往下分析，可能会变成在兜圈子，所以还是必须谨慎。

参考文献

- 小林道夫、坂部惠、小林康夫等人，《法国哲学·思想辞典》（日本弘文堂，1999年）
- 广松涉，《岩波哲学·思想事典》（日本岩波书店，1998年）
- 小林道夫编纂，《哲学的历史第五卷（17世纪）》（日本中央公论新社，2007年）
- 《新伦理资料集》（日本实教出版，1995年）
- 渡边义雄，《立体哲学》（日本朝日出版社，1973年）
- 守屋洋、守屋淳，《中国古典名言录》（日本东洋经济新报社，2001年）
- 富增章成，《半夜可以闯红灯吗？当今可用的哲学技巧》（日本樱花舍，2012年）
- 渡边二郎，《人生的哲学》（日本放送大学教育振兴会，1998年）
- Michael J.Sandel、鬼泽忍译，《Justice:What's the Right Thing to Do?》（日本早川书房，2011年）
- 细见和之，《法兰克福学派—从霍克海默、阿多诺到21世纪的"批判理论"》（日本中公新书，2014年）

- 船木亨，《现代思想入门》（日本筑摩新书，2014年）
- 藤本一勇、清家龙介、北田晓大等人，《现代思想入门 全球化时代的"思想地图"！》（日本PHP研究所，2007年）
- 仲正昌树，《集中讲义！日本的现代思想 何谓后现代？》（日本NHKBOOKS，2006年）
- 德勒兹、瓜塔里（合著），《反俄狄浦斯：资本主义与精神分裂》（日本河出文库，2006年）
- 德勒兹、瓜塔里（合著），《资本主义与精神分裂（卷2）：千高原》（日本河出文库，2010年）
- 维克多·弗兰克尔著、池田香代子译，《夜与雾》（日本MISUZU书房，2002年）
- 叔本华，《作为意志和表象的世界》（日本中央公论新社，2004年）

索引

A

《爱弥尔》..................088
阿兰..........................158
阿德勒......................172
阿多诺......................176
阿尔都塞..................212

B

柏拉图......................006
不动心（apatheia）..................018
八正道......................028
白纸（tabula rasa）..................073
贝克莱......................076
辩证法......................096
边沁..........................106
剥削剩余价值..........123
拜物化......................123

《辩证理性批判Ⅰ》..................146
本能冲动..................165
本我..........................166
鲍德里亚..................200
《保卫马克思》..................212
本雅明......................224
《巴黎拱廊街》..................224
悖论..........................242

C

《沉思录》..................056
次性..........................074
初性..........................074
《纯粹理性批判》..................092
存在主义..................126
《查拉图斯特拉如是说》..................130
超人..........................130

《存在与时间》.................. 138
存在论.............................. 138
超越者.............................. 142
《存在与虚无》.................. 146
存有.................................. 146
差异的体系...................... 186
《词与物》...................... 192
差异.................................. 200
差异原则.......................... 232

短文.................................. 158
大叙事.............................. 196
大叙事的终结.................. 196
德勒兹.............................. 204
德里达.............................. 208
《读<资本论>》.............. 212
多元决定.......................... 214
《帝国》.......................... 228
对于善的正确优先顺序.......... 234

D

德治主义.......................... 030
道...................................... 034
第一因.............................. 044
笛卡尔.............................. 056
《笛卡尔的哲学原理》...... 060
单子论.............................. 064
定言命令.......................... 092
德国观念论...................... 096
《道德与立法原理导论》...... 106
动机主义.......................... 108
多元论世界...................... 116
杜威.................................. 118
对死亡的先驱性意志...... 140
对己存有.......................... 146

E

厄洛斯.............................. 006
恩宠.................................. 040
二元对立.......................... 210

F

佛教.................................. 026
佛陀.................................. 026
《方法论》...................... 056
方法论的怀疑.................. 056
泛神论.............................. 060
反/自为............................ 097
《非此即彼》.................. 126
愤懑.................................. 130
弗洛伊德.......................... 164

251

分析心理学..............168
否定辩证法..............176
法兰克福学派............176
福柯....................192
符号学..................200
分裂....................204
《反俄狄浦斯》..........204
复数性..................217
符号....................220
符号学理论..............220
《符号帝国》............220
法西斯主义..............224
弗兰克尔................236
分析哲学................240

工具主义................118
观念工具论..............119
共产主义................122
工具理性................176
公共哲学................180
《沟通行动理论》........180
工具的行为..............182
《规训与惩罚：监狱的诞生》..192
《古典时代疯狂史》......192
瓜塔里..................204
共同的本性..............218
公共正义................234

G

感情（pathos）.........018
共有家园（cosmopolis）..020
归纳法..................068
观念....................072
观念论..................076
观念结合................081
哥白尼革命..............093
归结主义................108

H

《会饮篇》..............006
怀疑论..................080
黑格尔..................096
胡塞尔..................134
海德格尔................138
好心情..................158
霍克海默................176
哈贝玛斯................180
《后现代状况》..........196
后现代..................196

252

痕迹..........................210

汉娜·阿伦特..................216

哈特..........................228

J

禁欲主义......................018

禁欲（stoic）.................018

《君主论》....................052

决定论........................060

经验..........................072

几何学精神....................084

假言命令......................094

《精神现象学》................096

禁欲..........................102

绝望..........................126

界限处境......................142

介入..........................148

精神分析学....................164

集体潜意识....................168

结构语言学....................184

结构主义......................184

解构..........................208

极权主义论....................216

《极权主义的起源》............216

K

孔子..........................030

康德..........................092

快乐计算......................107

L

伦理的知性主义................002

灵魂..........................004

《理想国》....................006

理型..........................006

理型论........................006

伦理学........................010

逻各斯（Logos，理性）.........012

老年..........................022

《论老年》....................022

《论责任》....................022

《论命运》....................022

礼............................030

《论语》......................031

《老子》......................034

老庄思想......................034

《论自由意志》................040

《论人的尊严》................048

灵魂不灭的证明................058

253

《伦理学》.................060
莱布尼茨..................064
洛克......................072
卢梭......................088
《论人类不平等的起源与基础》.......088
理性......................092
历史哲学..................096
利他主义..................102
量的效益主义..............106
历史唯物论................122
《理性与存在》............142
列维纳斯..................154
脸........................154
《幸福散论》..............158
乱伦禁忌..................188
列维-斯特劳斯.............188
利奥塔....................198
《论文字学》..............206
罗兰·巴尔特...............220
《流行体系》..............220
灵光......................224
罗尔斯....................232
逻辑学....................240

罗素......................240
《逻辑哲学论》............244

M

目的论....................010
孟子......................030
马基亚维利................052
密尔......................110
民主主义教育..............118
《民主主义与教育》........118
马克思....................122
梅洛-庞蒂.................150
《梦的解析》..............164
马克思主义................212

N

《尼各马可伦理学》........010
涅槃寂静..................026
尼采......................130
能思/意识行为（noesis）...136
内格里....................228

O

欧陆理性主义..............056

254

P

皮科·米兰多拉 048

培根 068

偏见 070

帕斯卡尔 084

《判断力批判》 092

暴露于他人的眼光中 148

批判理性 178

《普通语言学教程》 184

偏执 204

偏执狂（paranoia） 206

Q

启蒙思想 088

全体意志 090

克尔凯郭尔 126

权力意志 130

潜意识 164

《启蒙辩证法》 176

《亲属的基本结构》 188

情结（complex） 196

去领域化 228

全球化 228

R

仁 030

儒家 030

仁义 032

认识 072

认识论 072

《人类理解论》 072

《人类知识原理》 076

《人性论》 080

荣格 168

认识论的断裂 212

S

苏格拉底 002

《苏格拉底的申辩》 006

深度思考的生活 012

斯多葛学派 018

世界公民主义 020

世界公民 020

释迦牟尼 026

四法印 026

四谛 028

四端 032

死亡ꞏꞏꞏꞏꞏꞏꞏꞏꞏꞏꞏꞏꞏꞏꞏꞏꞏꞏꞏꞏꞏꞏꞏꞏꞏꞏꞏꞏꞏꞏꞏꞏꞏꞏꞏ 138

圣奥古斯丁ꞏꞏꞏꞏꞏꞏꞏꞏꞏꞏꞏꞏꞏꞏꞏꞏꞏꞏꞏꞏꞏꞏꞏ 040

神ꞏꞏꞏꞏꞏꞏꞏꞏꞏꞏꞏꞏꞏꞏꞏꞏꞏꞏꞏꞏꞏꞏꞏꞏꞏꞏꞏꞏꞏꞏꞏꞏꞏꞏꞏꞏꞏ 040

《上帝之城》ꞏꞏꞏꞏꞏꞏꞏꞏꞏꞏꞏꞏꞏꞏꞏꞏꞏꞏꞏꞏ 040

圣托马斯ꞏ阿奎那ꞏꞏꞏꞏꞏꞏꞏꞏꞏꞏꞏꞏꞏ 044

《神学大全》ꞏꞏꞏꞏꞏꞏꞏꞏꞏꞏꞏꞏꞏꞏꞏꞏꞏꞏꞏꞏ 044

斯宾诺莎ꞏꞏꞏꞏꞏꞏꞏꞏꞏꞏꞏꞏꞏꞏꞏꞏꞏꞏꞏꞏꞏꞏꞏꞏꞏ 060

思考的芦苇ꞏꞏꞏꞏꞏꞏꞏꞏꞏꞏꞏꞏꞏꞏꞏꞏꞏꞏꞏꞏꞏ 084

社会契约ꞏꞏꞏꞏꞏꞏꞏꞏꞏꞏꞏꞏꞏꞏꞏꞏꞏꞏꞏꞏꞏꞏꞏꞏꞏ 088

《社会契约论》ꞏꞏꞏꞏꞏꞏꞏꞏꞏꞏꞏꞏꞏꞏ 088

《实践理性批判》ꞏꞏꞏꞏꞏꞏꞏꞏꞏꞏꞏ 092

实践理性ꞏꞏꞏꞏꞏꞏꞏꞏꞏꞏꞏꞏꞏꞏꞏꞏꞏꞏꞏꞏꞏꞏꞏꞏꞏ 094

生存的意志ꞏꞏꞏꞏꞏꞏꞏꞏꞏꞏꞏꞏꞏꞏꞏꞏꞏꞏꞏꞏꞏ 100

叔本华ꞏꞏꞏꞏꞏꞏꞏꞏꞏꞏꞏꞏꞏꞏꞏꞏꞏꞏꞏꞏꞏꞏꞏꞏꞏꞏꞏꞏꞏꞏ 100

实际效果ꞏꞏꞏꞏꞏꞏꞏꞏꞏꞏꞏꞏꞏꞏꞏꞏꞏꞏꞏꞏꞏꞏꞏꞏꞏ 114

《实用主义》ꞏꞏꞏꞏꞏꞏꞏꞏꞏꞏꞏꞏꞏꞏꞏꞏꞏꞏꞏꞏ 114

《善恶的彼岸》ꞏꞏꞏꞏꞏꞏꞏꞏꞏꞏꞏꞏꞏꞏ 130

上帝已死ꞏꞏꞏꞏꞏꞏꞏꞏꞏꞏꞏꞏꞏꞏꞏꞏꞏꞏꞏꞏꞏꞏꞏꞏꞏ 130

所思/意识对象（noema）ꞏꞏꞏꞏꞏꞏꞏ 136

死亡的不可逾越性ꞏꞏꞏꞏꞏꞏꞏꞏꞏ 140

萨特ꞏꞏꞏꞏꞏꞏꞏꞏꞏꞏꞏꞏꞏꞏꞏꞏꞏꞏꞏꞏꞏꞏꞏꞏꞏꞏꞏꞏꞏꞏꞏꞏꞏ 146

身体论ꞏꞏꞏꞏꞏꞏꞏꞏꞏꞏꞏꞏꞏꞏꞏꞏꞏꞏꞏꞏꞏꞏꞏꞏꞏꞏꞏꞏꞏꞏ 150

身体ꞏꞏꞏꞏꞏꞏꞏꞏꞏꞏꞏꞏꞏꞏꞏꞏꞏꞏꞏꞏꞏꞏꞏꞏꞏꞏꞏꞏꞏꞏꞏꞏꞏ 151

审议ꞏꞏꞏꞏꞏꞏꞏꞏꞏꞏꞏꞏꞏꞏꞏꞏꞏꞏꞏꞏꞏꞏꞏꞏꞏꞏꞏꞏꞏꞏꞏꞏꞏ 180

索绪尔ꞏꞏꞏꞏꞏꞏꞏꞏꞏꞏꞏꞏꞏꞏꞏꞏꞏꞏꞏꞏꞏꞏꞏꞏꞏꞏꞏꞏ 184

社会人类学ꞏꞏꞏꞏꞏꞏꞏꞏꞏꞏꞏꞏꞏꞏꞏꞏꞏꞏꞏꞏꞏ 188

社会哲学ꞏꞏꞏꞏꞏꞏꞏꞏꞏꞏꞏꞏꞏꞏꞏꞏꞏꞏꞏꞏꞏꞏꞏꞏꞏ 200

《数学原理》ꞏꞏꞏꞏꞏꞏꞏꞏꞏꞏꞏꞏꞏꞏꞏꞏꞏꞏꞏꞏ 204

《声音与现象》ꞏꞏꞏꞏꞏꞏꞏꞏꞏꞏꞏꞏꞏꞏ 208

T

推理证明神的存在ꞏꞏꞏꞏꞏꞏꞏꞏꞏꞏꞏ 044

天赋观念ꞏꞏꞏꞏꞏꞏꞏꞏꞏꞏꞏꞏꞏꞏꞏꞏꞏꞏꞏꞏꞏꞏꞏꞏꞏ 072

同情ꞏꞏꞏꞏꞏꞏꞏꞏꞏꞏꞏꞏꞏꞏꞏꞏꞏꞏꞏꞏꞏꞏꞏꞏꞏꞏꞏꞏꞏꞏꞏꞏꞏ 102

他者问题ꞏꞏꞏꞏꞏꞏꞏꞏꞏꞏꞏꞏꞏꞏꞏꞏꞏꞏꞏꞏꞏꞏꞏꞏꞏ 151

他者ꞏꞏꞏꞏꞏꞏꞏꞏꞏꞏꞏꞏꞏꞏꞏꞏꞏꞏꞏꞏꞏꞏꞏꞏꞏꞏꞏꞏꞏꞏꞏꞏꞏ 154

图像理论ꞏꞏꞏꞏꞏꞏꞏꞏꞏꞏꞏꞏꞏꞏꞏꞏꞏꞏꞏꞏꞏꞏꞏꞏꞏ 245

W

无知之知ꞏꞏꞏꞏꞏꞏꞏꞏꞏꞏꞏꞏꞏꞏꞏꞏꞏꞏꞏꞏꞏꞏꞏꞏꞏ 002

无我ꞏꞏꞏꞏꞏꞏꞏꞏꞏꞏꞏꞏꞏꞏꞏꞏꞏꞏꞏꞏꞏꞏꞏꞏꞏꞏꞏꞏꞏꞏꞏꞏꞏ 026

五蕴ꞏꞏꞏꞏꞏꞏꞏꞏꞏꞏꞏꞏꞏꞏꞏꞏꞏꞏꞏꞏꞏꞏꞏꞏꞏꞏꞏꞏꞏꞏꞏꞏꞏ 028

万物齐同ꞏꞏꞏꞏꞏꞏꞏꞏꞏꞏꞏꞏꞏꞏꞏꞏꞏꞏꞏꞏꞏꞏꞏꞏꞏ 034

文艺复兴时期ꞏꞏꞏꞏꞏꞏꞏꞏꞏꞏꞏꞏꞏꞏꞏꞏꞏꞏ 048

危害防止原理ꞏꞏꞏꞏꞏꞏꞏꞏꞏꞏꞏꞏꞏꞏꞏꞏꞏꞏ 112

唯物论ꞏꞏꞏꞏꞏꞏꞏꞏꞏꞏꞏꞏꞏꞏꞏꞏꞏꞏꞏꞏꞏꞏꞏꞏꞏꞏꞏꞏꞏꞏ 122

唯物论辩证法ꞏꞏꞏꞏꞏꞏꞏꞏꞏꞏꞏꞏꞏꞏꞏꞏꞏꞏ 124

物质与意识ꞏꞏꞏꞏꞏꞏꞏꞏꞏꞏꞏꞏꞏꞏꞏꞏꞏꞏꞏꞏꞏ 146

无的分裂ꞏꞏꞏꞏꞏꞏꞏꞏꞏꞏꞏꞏꞏꞏꞏꞏꞏꞏꞏꞏꞏꞏꞏꞏꞏ 147

唯我论	150
文本	220
无知之幕	232
谓语逻辑学	240
维特根斯坦	244

X

形而上学	010
幸福	010
享乐主义	014
享乐主义者	014
西塞罗	020
性恶说	032
荀子	032
性善说	032
逍遥游	036
心物二元论	056
《新工具》	068
休谟	080
纤细心智	084
效益主义	106
《信仰的意志》	114
信念	114
虚无主义	131

悬置	134
现象学	134
现象学的还原	134
《现象学的观念》	134
现象界	151
性冲动	164
《消费社会》	200
需求	202

Y

亚里士多德	010
伊壁鸠鲁	014
伊壁鸠鲁学派	014
原子论	014
一切皆苦	026
缘起	026
义	030
预定和谐	064
英国经验主义	068
否定因果论	080
一般意志	088
永恒轮回	132
雅斯贝尔斯	142
《原型论》	168

257

以成果为导向的行为............182
以理解为导向的行为............182
语言（langue）........................184
《忧郁的热带》........................188
野性的思维............................188
欲望..202
欲望的机器............................204
游牧思维（nomad）................206
《夜与雾》................................236
意义治疗法............................236
语言游戏................................246

Z

助产术....................................002
执念..004
政治学....................................010
至善..011
芝诺..018
自然法....................................020
诸行无常................................026
诸法无我................................026
中道..028
智..030
忠..031
庄子..034

自然无为................................034
真人..036
经院哲学................................044
肯定自由意志........................048
政治与道德............................052
《哲学原理》............................056
自因..061
《政府论》................................072
自由观念................................074
知觉..076
中间者....................................084
正/自在..................................096
《作为意志和表象的世界》......100
最大多数者的最大幸福..........106
质的快乐................................110
质的效益主义........................110
《自由论》................................110
詹姆斯....................................114
《哲学的改造》........................118
《资本论》................................122
主观真理................................126
《致死的疾病》........................126
自然的状态............................134
在己存有................................146

自由与责任 146
《知觉现象学》 150
《整体与无限：论外在性》 154
《自我与潜意识》 168
自卑感 172
自卑心理学 172
《自卑与超越》 172
追求优越 172
战略的行为 182
知识考古学 192

知识型 192
《资本主义与精神分裂（卷2）：千高原》 204
作者之死 220
《诸众》 228
自由主义 232
正义 232
《正义论》 232
追求意义的意志 236

结语

变，是唯一的不变

"哲学家都在各说各话！"
"书里的内容毫无章法！"
"搞不清楚哪个才对！"

假如读了这本书让你有上述的感觉，那我就要说："恭喜！"因为哲学就是这样。从各个角度出发，提出不同主张，不断改变立场，这正是哲学的特质。哲学绝非说教，并非将单一主张强加于人，更严格地说，它是用来破坏自身信念的工具。

一般都认为学哲学的人很固执，其实刚好相反，学了哲学，反而让思考变得有弹性，因为一旦迷上哲学思考，就无法再轻易相信别人的意见，甚至开始自我怀疑，不确定自己的主张是否正确。

感到不安时就会不断地想："我想验证这个想法的正确性，但我真的有这个能力检视吗？"因此，转而求教于人。但很快又会发现："或许别人的想法也有错？"于是，又继

续咨询不同意见，或是通过阅读……直到最后判断的责任还是回到自己身上，然后又再思考一次，"我的想法，会不会是错的？这该不会只是我的妄念吧？"像这样，反复思索。

然后，不敢再轻言"这就是对的"，而会产生"这么想没问题，但那样思考也没错"，思维就变得更加严谨！有些人可能会担心这样是不是没主见或是很没用，不过根本无须多虑，因为"自己"本身就没有一个标准答案。

就好比智能手机与APP的关系，智能手机是"我"，而APP则是"哲学"，先尝试把各种哲学思想下载到称为大脑的智能手机里，假如好用就一直用，不喜欢就删除。能一直不断自我调整才是有"智慧"的人。

人，一定要思考，但不要过度纠结在同一件事上，变成死脑筋也不行，就像以前的电话只有打电话的功能，但要是人的头脑僵化就糟了，所以大家需要有"智慧"地放松一下！

这本书的内容并非读一遍就够了，大家可以先试着理解古代哲学家的观念，假如行不通，再换成现代哲学家的自由气息，欢迎读者们穿梭在各种思想之中。另外，当人与人之间意见发生对立时，你可以在内心试着分析："这一方用的是近代思想，另一方则是现代理念。"在不被人发现的状况下做一点儿哲学思考，似乎也是不错的点子！

总之，哲学是一门无所不通的万能之学，只要懂一点儿，就能看见世上原本难以窥探的秘密。假如学出兴趣了，建议读者们可以深入研究，尽情探索哲学的奥秘。

我要谢谢 KANKI 出版编辑部的荒上和人先生，他在本书执笔之际给了我诸多忠告与协助，另外 Morning Garden 绘制的插图非常可爱。最后，我要向每一位参与本书制作的人们，致上最深的谢意。